História de
NOSSA SENHORA DA CONCEIÇÃO APARECIDA
e de seus escolhidos

ZILDA AUGUSTA RIBEIRO

História de
NOSSA SENHORA DA CONCEIÇÃO APARECIDA
e de seus escolhidos

EDITORA
SANTUÁRIO

DIREÇÃO EDITORIAL:
Pe. Marcelo C. Araújo

REVISÃO:
Ana Lúcia de Castro Leite

COORDENAÇÃO EDITORIAL:
Ana Lúcia de Castro Leite

DIAGRAMAÇÃO:
Sebastião A. de Almeida Filho

COPIDESQUE:
Elizabeth dos Santos Reis

CAPA:
Mauricio Pereira

Fotos de Vera de Souza, Pedro Dickson e Mauricio Pereira
Arquivo do Museu Nossa Senhora Aparecida

Dados Internacionais de Catalogação na Publicação (CIP)
(Câmara Brasileira do Livro, SP, Brasil)

Ribeiro, Zilda Augusta
    História de Nossa Senhora da Conceição Aparecida e de seus escolhidos / Zilda Augusta Ribeiro. — Aparecida, SP: Editora Santuário, 1998.

    Bibliografia.
    ISBN 85-7200-569-2

    1. Maria, Virgem, Santa - Aparições e milagres 2. Maria, Virgem, Santa - Culto 3. Nossa Senhora Aparecida - História 4. Santuário de Nossa Senhora Aparecida - História I. Título.

98-3812   CDD-232.91

Índices para catálogo sistemático:

1. Nossa Senhora Aparecida: Culto: História: Religião 232.91
2. Virgem Maria: Culto: Teologia dogmática cristã 232.91

12ª impressão

Todos os direitos reservados à EDITORA SANTUÁRIO – 2017

Rua Pe. Claro Monteiro, 342 – 12570-000 – Aparecida-SP
Tel: 12 3104-2000 – Televendas: 0800 - 16 00 04
www.editorasantuario.com.br
vendas@editorasantuario.com.br

*A Nossa Senhora da Conceição Aparecida
e aos que me ensinaram a amá-la:
Redentoristas e Romeiros.*

Apresentação

É muito gratificante apresentar um livro que respira amor pela nossa boa Mãe, a Senhora da Conceição Aparecida, e pelo povo aparecidense. Este livro que a professora Zilda Augusta Ribeiro escreveu, além de muito instrutivo, toca o brio do povo que tem a honra de ter a presença da Imagem, e por Ela, a presença da Virgem Morena protegendo-o e iluminando-o.

Para muitos aparecidenses e para todos os que não o somos, o livro esclarece muitos aspectos. Eu, por exemplo, ao passar o viaduto na Via Dutra, tendo o nome do padre Gebardo, sempre me perguntava: mas quem é este padre Gebardo? Através deste livro eu agora o sei.

Outra pergunta curiosa: os três pescadores que encontraram a imagem da Virgem nas águas do rio Paraíba são conhecidos pelos aparecidenses? Eles que, de fato, são os fundadores desta Cidade? O livro esclarece que, infelizmente, estão sendo esquecidos.

Quando Aparecida se emancipou? Encontrou dificuldades? Como é que esta Cidade se desenvolveu? As respostas, o livro da professora Zilda nos dá. É necessário conhecer bem a história da própria Cidade para amá-la mais. Saber como os antepassados lutaram estimula a todos a se empenharem por ela nos dias de hoje. É preciso fazer de Aparecida um autêntico cartão de visita para os romeiros.

O livro apresenta também personalidades que marcaram presença relevante na história desta Cidade. Pessoas já falecidas e pessoas ainda vivas, verdadeiras relíquias históricas...

A professora Zilda merece o nosso sincero agradecimento por este trabalho tão bem feito e com tanta simpatia. Valoriza os tesouros da terra aparecidense.

Aloísio Card. Lorscheider
Arcebispo de Aparecida-SP
12-10-1997

Prefácio

Vamos todos à capela...

> *"Após uma légua de marcha chegamos à capela de Nossa Senhora da Aparecida, situada numa colina e rodeada de poucas casas... A imagem milagrosa de Nossa Senhora atrai muitas romarias de toda a província e da de Minas..."*

Em dezembro de 1817, dois naturalistas alemães, von Spix e von Martius, acompanhados por um pintor austríaco, Thomas Ender, adentravam o Vale do Paraíba paulista, vindos do Rio de Janeiro, montados em mulas, com destino a São Paulo, capital da província. Enquanto Spix e Martius estudavam o relevo da região e coletavam plantas, insetos e flores, o pintor Thomas Ender registrava em aquarelas a paisagem, a capela e o povoado de Aparecida, encravado na mata atlântica que se esparramava até as margens do rio Paraíba.

Nas águas desse rio, um século antes, três pescadores do povoado do Itaguaçu, acatando uma ordem da Câmara Municipal da Vila de Santo Antônio de Guaratinguetá, saíram a pescar nas águas turvas do rio e encontraram o corpo e a cabeça de uma imagem de barro da Senhora da Conceição, colocada em toscos oratórios e venerada com o nome de Nossa Senhora da Conceição Aparecida. Das rezas e novenas à luz de toscas lamparinas de azeite de mamona e pavios de algodão, a pequenina imagem, escurecida pelo limo do rio e pela fumaça das velas de sebo, atraía os viajantes, tropeiros e aventureiros que, vindos da Vila de Nossa Senhora do Bom Sucesso de Pindamonhangaba, demandavam Guaratinguetá pelo antigo caminho real, espremido entre a serra do Quebra-Cangalha e as várzeas do Paraíba. O vigário de

Guaratinguetá construiu uma capela definitiva no Morro dos Coqueiros, em terras doadas por Margarida Nunes Rangel, e a notícia dos milagres e graças reunia peregrinos e devotos, como bem registrou o pintor francês Jean Baptiste Debret, em pitoresca aquarela, quando de sua passagem por Aparecida, em 1827. O naturalista Auguste de Saint-Hilaire, em seu livro "Segunda viagem a São Paulo", assinala a Capela de Aparecida, com o seguinte registro:

"A uma légua de Guaratinguetá, passamos diante da capela de N. Sra. da Aparecida. A imagem que ali se adora, passa por milagrosa e goza de grande reputação não só na região como nas partes mais longínquas do Brasil. Aqui vem ter gente, dizem, de Minas Gerais, Goiás e Bahia, cumprir promessas feitas a N. Senhora Aparecida..."

A professora Zilda Augusta Ribeiro, autora de delicioso livro de contos e histórias registradas na memória oral dos aparecidenses "Braseiros e Causos da Capella", com ilustrações de César Augusto Maia, reúne agora seus estudos e pesquisas sobre a história de Nossa Senhora da Conceição Aparecida e da cidade, seus bairros e moradores, resgatando, de velhos arquivos e documentos, nomes, pessoas, fatos, acontecimentos – a saga dos homens e mulheres, senhores e escravos, religiosos e leigos que, ao correr do tempo, contribuíram com seu trabalho, sua participação e sua fé para o engrandecimento do culto e da memória deste lugar mítico e sagrado.

O livro "História de Nossa Senhora da Conceição Aparecida e de seus Escolhidos" reaviva a memória e o cheiro da infância pelas ruas, casas e quintais da nossa Aparecida: os sinos da Basílica Velha nas madrugadas, as aulas e os pátios do Grupo Escolar Chagas Pereira, as empadas e coxinhas do Luiz Empadeiro, as cocadas de tia Benedita, os pães do Jaime Ribeiro, as missas e festas de São Benedito, as procissões de Nossa Senhora Aparecida, os teatros de Nágila Félix no Cine

Aparecida, os gatos e os livros no cartório do José Borges Ribeiro, os presépios e o trenzinho de Chico Santeiro, os programas da Rádio Aparecida, as matinês no Cine Ópera, as casas e chácaras do bairro de Santa Rita e do altinho de São João, a rua da Biquinha, a rua da Estação, a rua do Pinhão, a biquinha dos Barretos e os personagens inesquecíveis: Lucrécia, Mariquinha do Batubano, Mariquinha do Gustavo, Dona Sinhana Pires do Rio, Cacá dos Borges Ribeiro, Dona Virgulina Fazzeri, seu Miguel de Almeida, Alice Bortolassi, Mãozinho Barreto, Sinhô de Souza, Chico Santeiro e Do Carmo, Oscar Lorena e seu zoológico no jardim do Chagas Pereira, seu Américo Alves, Dr. Getúlio Machado Coelho, os padres redentoristas, as romarias em tropas de burros, carros de bois e trens, os dobrados e valsas da Aurora Aparecidense, o Colegião, a bica dos Moraes, o bonde passando, nas tardes frias, pela figueira de Newton Félix – tudo tão longe, tão distante. Tudo tão perto, tão lógico, tão certo, tão gostoso nas páginas deste livro de Zilda Augusta Ribeiro.

José Luiz Pasin

Primeira parte

A SENHORA APARECIDA

1. *Uma viagem predestinada*

"Partindo de São Paulo, à tarde de 25 ou 26, devia D. Pedro de Almeida, a seguir pelo roteiro de Antonil, ter chegado a Guaratinguetá entre os dias 11 e 12 de outubro, se em dezessete dias e meio venceu a distância de São Paulo àquela villa."

Basílio Machado, 1914

Era final de julho de 1717 quando chegou ao porto do Rio de Janeiro, vindo de Portugal, o novo governador da Capitania de São Paulo. Tratava-se de Dom Pedro Miguel de Almeida Portugal e Vasconcelos que, mais tarde, em 1718, receberia o título de Conde de Assumar. Este título lhe foi dado pela corte portuguesa, através de D. João V, "por tantos serviços de benemerência".

O novo governador, Dom Pedro de Almeida, ao aportar no Brasil, ficou alguns dias na bela cidade do Rio de Janeiro. Depois embarcou para Santos, com toda sua comitiva, numa viagem marítima que durou mais de um mês. Ao passar por Parati, Estado do Rio, resolveu o governador despachar parte de sua bagagem para a "Villa de Santo Antonio de Guaratinguetá", em lombos de burro, conduzidos por escravos. Essa bagagem ficaria aguardando pela comitiva, em Guaratinguetá, já que a "Villa de Santo Antonio" estava no roteiro da viagem que Dom Pedro faria a Minas Gerais, após sua tomada de posse da Capitania.

De Santos, Dom Pedro e sua comitiva rumaram para São Paulo, a cavalo, onde tomou posse da Capitania, em 4 de setembro, na igreja do Carmo, conforme o auto:

"Anno do nascimento de Nosso Senhor Jesus Cristo em mil e setesentos e dezesete annos, aos quatro dias do mez de Setembro do dito anno nesta cidade de Sam Paulo Cabessa da Capitania e Comarca em o Convento de Nossa Senhora do Carmo (...) para efeito de se dar posse de Governador e Capitam General desta Capitania e Minas de ouro ao Exmº Sr. Dom Pedro de Almeida..."[1]

As terras de Minas Gerais, com suas minas de ouro, pertenciam à Capitania de São Paulo desde 1709. Como os problemas relacionados à mineração e aos impostos fossem grandes, o governador da Capitania de São Paulo escolheu governá-la, desde 1710, de Vila Rica, Minas Gerais, uma vez que, em São Paulo, os problemas administrativos eram bem menores.

Logo após sua posse, em São Paulo, Dom Pedro pôs-se a caminho das Minas Gerais. Era final de setembro de 1717. Essa viagem incluía, necessariamente, terras do Vale do Paraíba, com suas trilhas ladeando o rio, e caminho único para quem se dirigisse às terras de mineração.

Emissários do governador passavam pelas poucas vilas vale-paraibanas, avisando, com antecedência, a data da passagem do nobre visitante com sua comitiva. As câmaras administrativas dessas vilas preparavam-se. Grandes festas eram organizadas. As praças e ruas, enfeitadas. Banquetes eram programados. Essas festividades, contudo, não impediam que Dom Pedro agisse, com rigor, na punição dos desmandos administrativos nem nos severos castigos aplicados àqueles, considerados por ele, culpados de crimes e desobediências.

---

[1] MACHADO, BASÍLIO. *A Basílica de Aparecida*. Escolas Profissionalizantes Salesianas, São Paulo, 1914, p. 26.

Como as demais, a câmara administrativa da "Villa de Santo Antonio de Guaratinguetá" preparou-se para receber Dom Pedro Miguel de Almeida Portugal e Vasconcelos com sua comitiva. Um roteiro, supostamente feito por Antonil, previa a chegada deles para o dia 11 ou 12 de outubro. Durante muito tempo foram essas as datas consideradas pelos historiadores. Até que, pesquisas feitas no arquivo Histórico e Cultural de Lisboa, Portugal, descobriram o *"Diário da jornada que fez o Exmº Dom Pedro desde o Rio de Janeiro até a cidade de São Paulo, e desta até Minas – ano de 1717"*, onde a estada do nobre visitante é documentada: de 17 a 30 de outubro de 1717. O motivo da permanência maior que a prevista foi a espera da bagagem de Dom Pedro, que vinha sendo transportada, em lombos de burros, pelas serras de Parati. As chuvas, que retardaram a viagem do governador, retardaram também a de suas canastras.

Os ilustres guaratinguetaenses procuravam não deixar faltar nada na mesa dos visitantes, durante a longa permanência da comitiva na Vila de Santo Antônio. Decidiram que os melhores produtos da terra lhes seriam servidos, desde que agradáveis ao paladar. "Carne de macaco e içá foram excluídas."[2] Poderiam parecer desrespeitosas ao paladar de Dom Pedro. Peixes, contudo, não faltariam...

---

[2] PEREIRA, LUCILA BAPTISTA. *História de Nossa Senhora Aparecida.* Ecos Marianos 1971, p. 97 - 112.

2. Aparecida sem Norte

> *"Aparecida, terra de Nossa Senhora!*
> *Ela, em ti apareceu e te batizou*
> *com as águas do seu Rio Paraíba."*
>
> Padre João Maria C. Resende, 1957

Houve um tempo em que a cidade da Padroeira do Brasil não era Aparecida do Norte como muitos a chamavam e chamam; nem Aparecida, sem Norte, como até hoje é seu verdadeiro nome.

Um vasto vale, cortado pelo rio Paraíba, foi escolhido pelos índios de diferentes culturas para ali enterrarem seus mortos. A confirmação dessa escolha está nas muitas igaçabas encontradas nos sopés das colinas que se elevam deste solo aparecidense. Essas igaçabas eram utilizadas como urnas mortuárias pelas tribos dos índios Puris e Guaianases. Essas tribos tinham o vale e o rio Paraíba como trilhas e pontos de fixação temporários. Foram as tribos indígenas que legaram os nomes para os povoados que foram aí se formando: Pindamonhangaba, cujo significado é oficina de anzóis; Taubaté – verdadeira taba; Guaratinguetá – terra das garças brancas; Paraitinga – rio de água branca. Aparecida porém, nessa época, tinha seu nome bem escondido no plano de Deus.

O povoamento do Vale do Paraíba se deu através das sesmarias, concedidas pela capitania de Nossa Senhora da Conceição de Itanhaém. O primeiro povoado vale-paraibano a ser formado, juridicamente, foi Taubaté. A Vila foi fundada por Jaques Félix, em 1630. Depois veio Guaratinguetá, tendo como fundadores: Domingos Luís Leme, João do Prado Martins e Antonio Bicudo. O início do povoado ocorreu por volta de 1640.

A Vila de Guaratinguetá era muito extensa. As terras que mais tarde constituiriam o povoado da "Capella de Aparecida" lhe pertenciam. Pela estrada que cortava Aroeira,

Ribeirão do Sá, Ponte Alta e Itaguaçu passavam as caravanas e tropas que iam em busca do ouro e das pedras preciosas de Minas Gerais, de Goiás e de Mato Grosso. Os poucos moradores, que escolheram as terras que ficam entre Aroeira e Itaguaçu para aí se estabelecerem, viviam da lavoura e da pesca. Entre esses moradores estavam o Capitão Antonio Amaro Lobo de Oliveira, José Correia Leite e sua esposa, Isabel Cardoso. Estavam também três pobres e bem-aventurados pescadores: João Alves, Domingos Martins Garcia e Felipe Pedroso. Esses três pescadores ficariam, de forma predestinada, ligados à história da Igreja, no Brasil, e à história de Aparecida, sem Norte.

Durante muito tempo o povo nomeou a terra da Padroeira como Aparecida, o seu verdadeiro nome. Mais tarde passaram a chamá-la de Capella de Apparecida ou simplesmente Capella.

Em 1887, com a inauguração da estrada de ferro, os romeiros, que antes vinham a pé, a cavalo ou de carro de boi, passaram a viajar de trem. Embarcavam na Estação Norte, em São Paulo. E diziam que seu destino era Aparecida da Estação Norte.

Com o tempo, por um processo linguístico coletivo, chamado braquilogia, eliminaram a palavra Estação e fizeram a concordância, restando Aparecida do Norte, cantada em prosa e verso. Mas nossa querida Aparecida, com um só P, é Aparecida sem Norte, embora sempre norteada pela presença da Santa Imagem.

3. A histórica pescaria

> "... às veiz as águas parece limpa do bicho.
> Tudo iscondido, não sei onde..."
>
> Agapito, pescador – 1990

A Câmara Administrativa da Vila de Santo Antônio de Guaratinguetá decidiu: Dom Pedro e sua comitiva precisavam provar dos peixes do rio Paraíba. Além disso, havia a possibilidade de os viajantes chegarem numa sexta-feira de abstinência de carne. E Dom Pedro era rigoroso na observância dos preceitos. Os homens do poder sabiam que a época não era nada favorável à pescaria. Mas os pescadores que se virassem...

Os pescadores que viviam nas imediações do Porto de Itaguaçu foram convocados. Entre eles estavam: João Alves, Domingos Martins Garcia e Felipe Pedroso. Meio descrentes do sucesso do empreendimento, pegaram suas redes, seus remos, seus barcos e se lançaram na difícil tarefa de trazer peixes para os ilustres visitantes.

Os três pescadores começaram sua maravilhosa aventura em terras de Pindamonhangaba, no Porto de José Correia Leite. A noite toda, suas redes, em vão, foram lançadas nas águas do rio Paraíba que, tão indiferentes quanto misteriosas, deslizavam mansamente. Onde teriam os bichos se escondido?

O rosado da aurora já tingia os horizontes quando os pescadores atingiram as águas do Porto de Itaguaçu. Pela milésima vez lançaram suas redes. Pela milésima vez elas voltaram vazias. Aprumaram os barcos e, desanimados, desabafaram. Não seria melhor desistir? Afinal, estavam próximos de suas choupanas. Não! Tentariam mais um pouco. Quem sabe a sorte lhes seria favorável. João Alves recolheu sua rede, misturou-a aos trapos que lhe cobriam o peito tostado pelo sol e, resoluto, lançou-a no rio. Aberta em estrela, seu trançado foi, aos poucos, procurando no fundo das águas.

Uma aragem suavizou as linhas do rosto do pescador, que sentiu as malhas da rede retesarem em suas mãos. Puxou-as devagarinho. À medida que puxava, ia recolhendo a parte dela que vinha à tona. Mas o que seria aquilo? Alguma coisa estranha a rede recolheu no fundo do rio. Seria algum peixe morto? Mas peixe morto fica boiando, de barriga para cima... Uma pedra? Que bobagem! Como que uma pedra iria encontrar o caminho de sua rede? Meu Deus do Céu!... É um pedaço de santa! Gritou pelos companheiros e exibiu o achado. Espanto geral. Devido às circunstâncias misteriosas daquela "pesca", acharam melhor não devolver o corpo da santa ao rio. João Alves, já querendo bem àquela dádiva das águas, envolveu-a num pano e deixou-a num cantinho do barco. Preparou-se para um novo arremesso da rede. Num impulso, lançou-a bem no meio do rio. Esperou. Começou a puxá-la, apreensivo, pressentindo que alguma coisa estranha estava para acontecer. E aconteceu. Nas grossas malhas da rede veio o que estava faltando na santa: sua pequenina cabeça. Só podia ser dela.

Ao chamado de João Alves, Felipe Pedroso e Domingos Garcia remaram na direção do seu barco. Embicaram as canoas e, mudos, assistiram à cena: o pescador recolheu o pedaço da imagem que estava no fundo do barco, descobriu-o e juntou-o à cabeça que acabara de pescar. Justinhos! Os três tiraram o chapéu e se benzeram. Eram muito devotos da Senhora da Conceição. Era dela a imagem que acabaram de pescar no rio Paraíba. Estava enegrecida pelo lodo do rio mas dava para perceber: era a Senhora da Conceição que os saudava com um sorriso de mãe.

Após um instante de preces dos três pescadores, João Alves envolveu novamente a imagem no pano. Corpo e cabeça. O embrulho foi colocado no fundo do barco, com muito respeito. Depois os três continuaram rio abaixo. Lançaram as redes muitas vezes. E todas as vezes elas voltavam cheias de peixes. Agora eles sabiam direitinho o caminho das redes. E foram tantos que os homens da Vila ficaram espantados.

A festança na Vila, em homenagem ao ilustre visitante, foi grande. Enquanto os nobres se banqueteavam, na Câmara Municipal, o povo "forgava" ao som de sanfonas e violas, pelos cantos da Vila.

Ao final da festa, com quem teria ficado a Imagem?

Pela narrativa do Padre João de Morais e Aguiar, no Livro do Tombo, a Imagem teria ficado com o pescador Felipe Pedroso. Mas, no mesmo texto, o autor conta que "estando a Senhora em poder da Mãe, Silvana da Rocha...". Segundo a tradição, Silvana da Rocha era mãe de João Alves. E se foi em sua rede que a imagem veio parar, seria muito mais lógico que ela tivesse ido para sua casa.

Na casa de João Alves, ou de Felipe Pedroso, Nossa Senhora ficou aguardando sua hora de fazer-se conhecida e amada pelo povo brasileiro.

"O rosado da aurora já tingia os horizontes quando os pescadores
– João Alves, Domingos Garcia e Felipe Pedroso
– atingiram as águas do Porto de Itaguaçu."

4. Primeiras igrejas domésticas da Senhora Aparecida

"Em Itaguaçu, Atanásio Pedroso recebeu de seu pai a imagem como legado de família."

Padre Júlio Brustoloni, 1979

Na narrativa do encontro, escrita pelo Padre João de Morais e Aguiar, consta que Felipe Pedroso foi o pescador que acolheu a Imagem, logo após o seu encontro. Esse documento foi escrito em 1757.

Teria sido, realmente, Felipe Pedroso o primeiro agraciado com a presença da Imagem em sua cabana?

Segundo depoimento, colhidos pelo Missionário Redentorista, Padre Otto Maria, nas primeiras décadas de 1900, entre antigos moradores de Aparecida, o pescador que acolheu a Imagem, logo após o seu encontro, foi João Alves. Isto seria natural, pois foi nas malhas de sua rede que, milagrosamente, ela veio parar. Segundo os mesmos depoentes – Maria Madalena de Jesus, noventa e nove anos, no Arquivo da Cúria e publicado no "Santuário", 1920; Risoleta dos Santos, no Arquivo da Cúria, publicado no "Santuário", 1919 –, a casa de João Alves e de sua mãe, Silvana da Rocha, ficava no Morro dos Coqueiros, local escolhido, mais tarde, para a construção da primeira Capela para Nossa Senhora Aparecida.

O Documento escrito pelo Padre João de Morais e Aguiar baseou-se em informações dadas pelo Padre Vilela. Traz 1719 como o ano do encontro. Mais tarde ficou provado que o fato se deu em 1717. Por esse mesmo documento, Felipe Pedroso acolheu a Imagem em sua cabana que ficava em terras de Lourenço de Sá, hoje, Praça Padre Vítor. Nove anos depois, mudou-se com a família, levando a imagem para o bairro da Ponte Alta. A casa ficava à margem esquerda da estrada que levava ao Porto de Itaguaçu. Hoje, esse local pertence ao Pátio da Nova Basílica, em frente do viaduto da Avenida Dr. Júlio Prestes. Nesse local o pescador morou seis anos.

Desse período em que a Imagem ficou em poder, provavelmente, de João Alves e de Felipe Pedroso, poucas informações temos. Sabemos apenas que sua cabecinha foi colada ao corpo com cera de mandassaia. E que, a certa altura, pescador e vizinhos resolveram retirar a Imagem do baú, onde esteve guardada, para, em torno dela, aos sábados, "cantarem" o terço. Era assim que as pessoas da época se referiam ao que hoje chamamos de reza do terço.

A saudade e o peso dos anos talvez tenham feito com que Felipe Pedroso voltasse a morar no Porto de Itaguaçu, local do encontro da Imagem, e a entregasse a seu filho, o pescador Atanásio Pedroso. Na casa do novo dono as rezas continuaram e as visitas aumentavam dia a dia. Viajantes que rumavam para as terras da mineração – Minas Gerais, Mato Grosso e Goiás – vinham pedir proteção para suas duras empreitadas. Em troca, levavam para essas lonjuras o nome e a fama da Imagenzinha, encontrada no rio Paraíba.

Atanásio Pedroso resolveu fazer um rústico oratório para a Imagem, agora invocada por todos como Nossa Senhora da Conceição Aparecida. Nesse oratório o primeiro milagre, depois do não menos milagroso encontro, soou como uma resposta de esperança da Imagem Negra para o sofrido povo brasileiro.

Modernas instalações do Porto de Itaguaçu.
Obra do Santuário Nacional – 1997

5. Sozinhas, as velas se acendem

"Estando a noite serena, repentinamente se apagaram as duas luzes de cera que iluminavam a Senhora."

Padre José Alves Vilela, 1745

Deus tem sua hora.

Após o milagroso encontro da Imagem, em 1717, Nossa Senhora Aparecida passou a ser venerada, particularmente, nas casas dos pescadores. Se a fama de milagrosa foi-se espalhando, naturalmente foi porque muitas graças foram alcançadas pelos seus devotos, graças à sua poderosa intercessão. Mas esses prodígios aconteciam na íntima relação entre Deus, Nossa Senhora e o devoto. Até que chegou a hora de o Pai manifestar, publicamente, seu projeto divino para aquela Imagem de Nossa Senhora da Conceição Aparecida.

Naquela noite de sábado, os devotos foram chegando. Primeiro os vizinhos. Depois os nem tão vizinhos. Por todos Nossa Senhora esperava em seu novo oratório, presente de Atanásio Pedroso. As velas foram acesas. Os mais novos se ajoelharam. Os mais velhos se encostaram nas rústicas paredes do casebre. As crianças se amontoaram em volta da puxadora do terço, Silvana da Rocha.

A noite estava serena. Silvana cantou o "Creio em Deus Padre" seguido dos "Padre-nossos" e das "Ave-Marias". O povo, contrito, ia respondendo com "Pão-nossos" e "Santas-Marias". Nos "Glória Patri" todos se benziam. De repente a sala escureceu. Admirados, alguns procuraram a aragem que teria apagado as velas. Silvana da Rocha dirigiu-se à cozinha, atrás de uma chama, para reacendê-las.

Olhares devotos acompanharam a labareda que Silvana trazia na mão esquerda, enquanto a direita segurava, firme, a ave-maria do rosário em que tinham parado. Todos viram. A chama ainda estava distante das velas quando, por si mesmas, elas se acenderam. O espanto foi geral. Mal acabaram de cantar o terço. Cada um queria falar, comentar o que tinha acontecido naquela pequena sala, diante da querida Imagem de Nossa Senhora da Conceição Aparecida.

Naquela noite os grandes ficaram sem sono; os pequenos dormiram e sonharam com anjos entrando pelas janelas da casa de Atanásio Pedroso, durante a reza do terço.

6. Uma capela decente para a Senhora Aparecida[3]

> *"Entre todos estes templos que temos visto no interior do país, nenhum achamos tão bem colocado, tão poético e mesmo, permita-se-nos a expressão, tão artisticamente pitoresco, como a Capelinha da milagrosa Senhora Aparecida..."*
>
> Emílio Zaluar, 1860

Ecos do milagre das velas, na casa de Atanásio Pedroso, atravessaram o Vale do Paraíba, as serras e chegaram às praias distantes. Chegaram também aos ouvidos do bom vigário de Guaratinguetá, Padre José Alves Vilela. O bom e prudente sacerdote veio, pessoalmente, verificar até que ponto era verdade o que diziam a respeito da Imagem, encontrada no rio Paraíba. E o que viu foi suficiente para convencê-lo de que o dedo de Deus agia através daquela imagem negra, tão simples quanto amada. A sala da casa de Atanásio ficara pequena para abrigar tão grande devoção.

Com a contribuição dos devotos, Padre Vilela e Atanásio Pedroso resolveram construir uma capelinha para Nossa Senhora Aparecida. Escolheram construí-la no Porto de Itaguaçu, à beira do caminho que levava tropeiros e viajantes para todos os rincões do Brasil. Porém, em pouco tempo a capelinha tornou-se também pequena para abrigar tantos devotos, que deixavam ali seus ex-votos: mortalhas, velas, muletas e outros. Padre Vilela, que acompanhava, apreensivo, o aumento dos romeiros que procuravam a Capelinha da Senhora Aparecida, viu que chegara a hora de tornar aquela devoção, tão pura quanto

---

[3] Decente, no sentido de autorização do bispado do Brasil.

sincera, reconhecida pela Igreja do Brasil. E mais: reconheceu que a Imagem merecia um templo, construído conforme as Constituições do Arcebispado brasileiro. Confiante, saiu em busca dos meios necessários.

Em 1743, a documentação exigida pelas Constituições Primeiras do Arcebispado da Bahia estava providenciada pelo santo vigário de Guaratinguetá. Constava de um sumário dos primeiros milagres de Nossa Senhora Aparecida e de escrituras dos terrenos doados pelos devotos: Margarida Nunes Rangel, Lourenço de Sá e Fabiana Fernandes Teles:

"... e doou de hoje para sempre à Virgem Maria Senhora da Conceição, chamada Appareceida, para que no dito morro chamado de Coqueiros, pela disposição que a dita paragem tem, lhe possam fazer nova Capella".[4]

No dia 26 de julho de 1745, festa de Sant'Anna, após muito esforço e dedicação por parte do Padre Vilela, do Capitão Antonio Raposo Leme e de seus escravos, com dívidas para serem saldadas, a "Capella do Morro dos Coqueiros" foi solenemente inaugurada. O mestre de obras, Capitão Antonio Raposo Leme, não assistiu às solenidades daqui da terra mas, por certo, nas alegrias do céu. Falecera um pouco antes.

A Capela era de taipa. Os altares, entalhados em madeira. No altar-mor, ladeado por tribunas, ficava a Imagem da Senhora da Conceição Aparecida. Não era grande, mas abrigava os devotos que vinham de perto e de longe. Além da nave central, dos corredores e do presbitério, a igreja do Padre Vilela tinha sacristia, sala dos milagres e uma sala para reuniões, também chamada consistório. Como outras igrejas antigas, no piso da nave central ficavam as "campas" ou túmulos dos benfeitores da Capela.

---

[4] Escritura de doação de Margarida Nunes Rangel, *Documentos e Crônicas da Capella*, p. 52.

Essa Capela abrigou os devotos da Senhora Aparecida durante 138 anos. Durante todo esse tempo e até bem depois, a palavra CAPELA servia para nomear não somente a igreja que abrigava a Imagem, mas também o povoado que a rodeava.

– "Vamos na Capela" – diziam os romeiros que se preparavam para viajar a cavalo, a pé ou de trem. Alguns, de carro de boi.

A inauguração da Capela do Morro dos Coqueiros se constitui no marco inicial da cidade de Aparecida. O texto abaixo foi extraído do documento escrito pelo Padre Vilela, em 26 de julho de 1745. Fica aqui a homenagem a esse primeiro cidadão aparecidense por adoção e que não recebeu, dos poderes públicos, reconhecimento algum.

"José Alves Vilela, clérico e presbítero do hábito de São Pedro, vigário na paroquial igreja de Santo Antônio de Guaratinguetá e da Vara de toda a sua Comarca, de Taubaté, juiz dos casamentos (...) do Conselho de Sua Majestade, que Deus guarde, (...) certifico que a Capela de Nossa Senhora da Conceição Aparecida, está situada em lugar decente[5] escolhido por mim, em virtude de uma Provisão de Ereção de sua Excia. Revma., com dote de terras no mesmo lugar por doação de três escrituras, das quais tomei posse como aceitante da parte da mesma Senhora, o que tudo consta dos trelados, que de *verbo ad verbum* vão em um livro para título da mesma Capella.

Capella da Conceição Apparecida, 26 de julho de 1745. Ass. José Alves Vilela."[6]

---

[5] Decente com significado de autorização para celebração de missas e de administração dos sacramentos.

[6] Autos de Ereção e Bênção da Capela de Nossa Senhora Aparecida, fl. 3v.

"A inauguração da Capela do Morro dos Coqueiros – 26 de julho de 1745 – constitui-se no marco inicial da cidade de Aparecida."
Pintura de Benedito Calixto

7. O escravo liberto

*"... Aí se mostram também umas algemas de ferro
que o tempo não conseguiu nunca enferrujar,
apesar dos muitos anos que têm decorrido."*

Emílio Zaluar, 1860

No processo canônico, movido pelos padres redentoristas para a coroação de Nossa Senhora Aparecida como Padroeira do Brasil, constam os testemunhos de alguns moradores antigos da região, cujos parentes assistiram ao "Milagre das Correntes". O fato já havia sido mencionado, por escrito, pelo Padre Olavo Francisco de Vasconcelos, em 1828.

Embora o nome do escravo liberto não conste do processo, pela tradição oral ele era chamado de Zacarias. É ainda a oralidade que nos informa a origem do escravo: Curitiba, Estado do Paraná.

No Livro do Tombo da Cúria de Aparecida, na folha nº 36, consta o depoimento juramentado de Antonio José dos Santos e de Antonio Salustiano de Oliveira Costa. Segundo as testemunhas, o escravo, que fugira de seu dono, estava atocaiado em Bananal, cidade do Vale do Paraíba. Como havia certa cumplicidade entre os senhores de escravos, em relação ao tratamento dado aos fugitivos, fazendeiros da região denunciaram o negro cativo ao seu dono.

De Curitiba chegou a Bananal o Capitão do mato que deveria reconduzir o escravo ao seu dono. Zacarias foi algemado e, a pé, se pôs a seguir seu tirano que ia a cavalo. Tomaram a estrada que os levaria a São Paulo.

Ao passarem por Aparecida, o pobre escravo pediu ao Capitão do mato que o deixasse rezar na porta da Capela de Nossa Senhora. Para sua fé, bastava chegar até à porta. Talvez por medo, ou até, quem sabe, por um gesto de bondade, o Capitão permitiu que o escravo chegasse até à porta da igrejinha.

Ali, de joelhos, o pobre escravo rezou contrito. O que teria pedido?

De seus pedidos não sabemos. Mas sabemos a resposta que a Virgem Negra lhe deu. Veio no ruído das algemas se partindo e caindo aos pés do escravo. Veio no soluço agradecido de Zacarias, que ecoou no interior da Capela e na praça fronteiriça. Veio no susto do Capitão do mato que resolveu não desafiar a Santa. Deixou que Zacarias ficasse em liberdade e foi comunicar ao patrão o que acontecera. Também o fazendeiro curitibano não quis contrariar a vontade de Nossa Senhora da Conceição Aparecida, a Protetora dos oprimidos.

A libertação do negro Zacarias o tempo não conseguiu enferrujar.

"A resposta da Virgem veio no ruído das algemas se partindo..."
Pintura de Chico Santeiro

8. Um cavaleiro abusado

... *"Dizia também que êle era capaz de entrar a cavalo dentro da igreja e queria ver o que acontecia."*

Jornal Santuário de Aparecida — 1921

O jornal "Santuário de Aparecida", que há mais de cem anos leva a mensagem de Nossa Senhora a tantos brasileiros, é de 1921. Mas o fato narrado é bem anterior.

Residia em Cuiabá, capital do Mato Grosso, o cavaleiro que, além de não ter fé, era abusado. Quando esse cavaleiro ficava sabendo que seus conterrâneos se organizavam para visitar a Capela de Nossa Senhora Aparecida, em busca de saúde e proteção, zombava desses devotos, chamando-os de ignorantes.

Um dia esse fazendeiro precisou passar pelas redondezas de Aparecida. Quis aproveitar-se da viagem para tentar provar suas ideias de ateu. Jurou que entraria, a cavalo, na Capela de Nossa Senhora Aparecida.

Naquela manhã de 1866, alguns romeiros, da praça, admiravam a arquitetura da Capela do Padre Vilela. Viram que um cavaleiro passou por eles, galopando e indiferente aos apelos de alguns companheiros de viagem.

Diante da escadaria da Capela, o cavaleiro puxa as rédeas. O cavalo refuga e empina. O chicote estala na anca do animal. Cabeça do cavalo e corpo do cavaleiro se lançam para frente. As patas dianteiras, inutilmente, arrancam fagulhas das ferraduras que malham nas pedras. As esporas abrem sulcos na barriga do cavalo. Palavrões e sons onomatopaicos, debalde, misturam-se. O átrio da capela permanece inacessível para cavalo e cavaleiro.

— Castigo! Castigo de Nossa Senhora Aparecida! — murmuram devotos assustados com a cena que presenciam.

O cavaleiro abusado, vendo a inutilidade de suas tentativas, desce do cavalo, examina-o. Tenta levantar a pata traseira, a que estava do seu lado. Não consegue. Está presa no chão. Tira o chapéu e cai de joelhos. Após um instante de contrição silenciosa, clamando perdão a Nossa Senhora, entra na Capela, seguido de devotos e de curiosos.

O tempo pode ter desgastado um pouco as marcas da ferradura na pedra. Não apagou, contudo, a ousadia do fazendeiro abusado perdoada por Nossa Senhora Aparecida.

"O tempo não apagou a ousadia do fazendeiro abusado..."
Pintura de Chico Santeiro

9. Exposição de ex-votos – Sala das promessas

"Os objetos de arte popular e os ex-votos, oferecidos ao Santuário, sejam criteriosamente expostos na 'Sala dos Milagres' de tal modo que os romeiros possam ser levados à gratidão e à confiança."

Estatuto e Diretrizes do Conselho
de Reitores de Santuários do Brasil, 1994

Ex-voto é a maneira concreta que o devoto encontra de tornar visível a ajuda espiritual que recebeu de Deus, através de seus santos. Essa concretização da fé pode ser artesanal – desenhos de cenas, esculturas, peças de vestuário, muletas e outras. E pode ser técnica, como fotografias, discos, peças de cera, latarias de carro e de moto, troféus, uniformes e outros.

Os ex-votos são guardados na Sala das Promessas, também chamada de Sala dos Milagres. É um lugar privilegiado dos santuários. Além de mostrar a força da fé do povo, a Sala das Promessas é um meio de evangelização. Através do ex--voto, o romeiro é levado a louvar e a agradecer.

Até meados do século XX os ex-votos eram, predominantemente, artesanais. A intervenção divina em favor do devoto era demonstrada através de desenhos e pinturas sem nenhum recurso técnico, às vezes bem desproporcionais. As muletas e partes do corpo humano eram talhadas na madeira. As vestimentas, costuradas à mão e picotadas nas extremidades, imitando renda.

Modernamente, os ex-votos artesanais são raros. Predominam os que se utilizam da técnica. As muletas de madeira cederam lugar aos aparelhos ortopédicos industrializados. São muitos os vestidos de noiva e roupas de bebê, saídos das lojas especializadas. As mensagens, escritas à mão, muitas foram substituídas por placas de bronze ou de fórmica. As flores naturais ou de papel crepom foram substituídas pelas de plástico.

Os ex-votos – artesanais ou industrializados – além de signos de fé – são objetos caracterizadores da evolução socioeconômica do povo brasileiro. O Brasil, essencialmente agrário dos primeiros ex-votos, foi cedendo lugar ao urbanismo e à industrialização. Os anseios de ascensão social estão nos inúmeros certificados de conclusão de cursos, nas maquetes de casa própria, nos uniformes profissionais, nos discos e livros publicados.

"... As paredes da Capela quase não têm mais espaço livre para figuras de cera (...) penduradas ao lado de numerosos quadros pintados, nos quais estão representados os martírios e dores que cruciam a vida humana."[7]

Dos sete milhões de romeiros que visitam, anualmente, Aparecida, grande parte passa pela Sala das Promessas do Santuário de Nossa Senhora Aparecida. São milhões de gestos de louvor, de gratidão e de súplica a Nossa Senhora Aparecida, o Perpétuo Socorro do povo brasileiro.

---

[7] ZALUAR, EMÍLIO AUGUSTO. *Peregrinação pela Província de São Paulo*, 1860. Ed. Cultura, 1943.

"Ex-voto é a maneira concreta de o devoto tornar visível a ajuda espiritual que recebeu de Deus, através de seus santos."

10. Folclore ligado à história de Nossa Senhora Aparecida

> "... arrumaram um altarzinho sobre o cepo daquela árvore."
>
> Maria Rosa de Jesus, 91 anos.
> Arquivo da Cúria

"*O* povo aumenta mas não inventa."

O provérbio popular acima nos diz da tendência do povo de interpretar os fatos a seu modo. Sobretudo aqueles para os quais não se tem explicação. Em decorrência disso, um trabalho fascinante é a busca do fato que originou a lenda, o "causo".

Em relação à história de Nossa Senhora da Conceição Aparecida, há muitas e belas lendas. Estão ligadas ao maravilhoso cristão – a presença do elemento sobrenatural interagindo com o natural – característica do conto fantástico.

Lenda da serpente: – na tentativa de explicar o milagroso encontro da Imagem no rio Paraíba, criou-se a lenda de uma serpente que, periodicamente, vinha à tona e ficava esperando pela vítima: uma jovem inocente. A população ficava desesperada. Até que uma piedosa mulher de Jacareí resolveu apelar para Nossa Senhora da Conceição que, segundo a Bíblia, esmagou a cabeça da serpente. Esperou que ela aparecesse e atirou a imagem de barro em sua cabeça. A Imagem quebrou-se mas a serpente desapareceu para sempre das águas do rio Paraíba. Essa Imagem teria vindo parar na rede dos três pescadores.

Baú barulhento: – contam que a Imagem, após a milagrosa pescaria, teria sido guardada por Silvana Rocha, mãe de João Alves, num baú. E que, à noite, era muito comum ouvirem estranhos ruídos dentro dele. Era como se a Imagem estivesse se partindo de novo. Abriam o baú e tudo estava como antes. Dada a frequência cada vez maior desses ruídos, resolveram colocá-la num oratório. Os ruídos cessaram.

O cepo do Morro dos Coqueiros: – Nossa Senhora, após seu encontro no rio Paraíba, foi ficar na casa de João Alves e de sua mãe, Silvana Rocha. Colocada num baú de madeira, os ruídos eram frequentes. Um dia, após grande estrondo, ouvido por todos, Silvana resolveu tirar a Imagem do baú e colocá-la na cavidade de um cepo de graúna que existia no terreiro de sua cabana. Desse cepo, Nossa Senhora não aceitou mais sair. O vigário de Guaratinguetá a levava para a Matriz, no dia seguinte ela amanhecia no oratório de graúna. Por isso, quando construíram a capela do Morro dos Coqueiros, o nicho da Imagem foi feito em cima do toco da árvore.

Idas e vindas da Imagem: — nesse relato, o vigário da Matriz de Guaratinguetá teimava em levar a Imagem para lá, dizendo que era para pedir chuva para as lavouras. Mas ela não queria ficar ali. Ele a levava à noite, mas de manhã, misteriosamente, Nossa Senhora amanhecia junto de seu povo pescador. Três vezes ele tentou. Três vezes ela voltou.

O sacristão-escuta: – conta a lenda que o Padre Vilela já estava cansado de escutar histórias da Imagem, encontrada no rio Paraíba, e que fazia milagres. Um dia resolveu mandar seu sacristão, João Potiguá, para sondar se era verdade o que diziam. Ele veio, viu e ouviu. Voltou e convenceu o Padre a vir também.

Mas ela é preta! — Contam que uma senhora resolveu trazer a filha cega para visitar Nossa Senhora e pedir-lhe o milagre da cura. Vieram as duas. Ao chegarem aos pés da Imagem, a mãe rezou fervorosamente. A menina, de repente, gritou : "Mãe, mas ela é preta". Naquele momento, como castigo, a cegueira voltou.

Esta lenda deve ter-se prestado para encobrir o preconceito de alguns...

A sombrinha carnavalesca: — a igreja onde o Bispo exerce seu ministério de pastor recebe o nome de catedral ou Sé. Onde o Papa se apresenta a seus fiéis é chamada de Basílica Maior.

A palavra basílica significa "sala real". Era um título concedido pelo imperador Constantino. Hoje, cabe ao Papa conceder esse título. Se a igreja agraciada estiver fora de Roma, é chamada de Basílica Menor. Além de privilégios especiais, as basílicas recebem os símbolos: gonfalone e tintinablo.

O Santuário de Aparecida recebeu o título de basílica menor, em 1908. Foi concedido pelo Papa São Pio X.

Ao receberem os símbolos de basílica, os missionários redentoristas colocaram o gonfalone original, que tinha o formato de um grande guarda-chuva, num armário. E uma réplica menor foi colocada na abóbada do presbitério.

Como os romeiros não entendiam nada de títulos e brasões, criaram suas lendas. Com algumas variantes, todas falavam de uma moça que teria entrado na Basílica Velha, em trajes de carnaval. Entrou dançando até o presbitério. Ao chegar diante do altar de Nossa Senhora, a sombrinha colorida foi sugada de suas mãos, indo prender-se no teto do presbitério, de onde não mais saiu.

O esconderijo da Imagem: — dizem que a Imagem verdadeira, encontrada no rio, está muito bem escondida. Para uns, ela está num cofre, no convento dos padres, cujo segredo só eles conhecem. Para outros, ela está no cofre de um banco da cidade. A que está no altar, dizem eles, é uma cópia da verdadeira.

Moedas no mirante: — é costume dos romeiros atirar moedas ou pequenos objetos, através das janelas do mirante da Torre. Às vezes, elas são acompanhadas de bilhetes que mostram a intenção de quem as jogou: multiplicar os seus bens, pagar dívidas...

Essas lendas e costumes são folclóricos. Mas não deixam de mostrar uma singela maneira de o povo amar sua Padroeira e de se sentir amado por ela.

11. A Basílica Velha

"Por anos a fio / Na igreja saudosa
Rezou o Brasil / À Mãe carinhosa."

Carmelita de Aparecida, 1954

A modesta igrejinha que o Padre Vilela construiu no Morro dos Coqueiros foi-se tornando, cada vez mais, pequena para abrigar um número cada vez maior de romeiros. Todos vinham buscar as bênçãos e a proteção da Senhora da Conceição Aparecida, encontrada no rio Paraíba. Tornou-se imperioso construir uma nova igreja ou ampliar a já existente. Com a escassez de recursos, optou-se pela segunda alternativa.

A ampliação da Capela se deu graças a dois homens corajosos: Dr. Barros Franco, jovem e dinâmico Juiz Municipal e Provedor de Capelas, e Frei Joaquim de Monte Carmelo, um baiano audacioso.

A tarefa dos idealistas da reforma da Capela foi árdua. Especialmente a do Frei Monte Carmelo que enfrentou não só a carência de recursos, como também uma verdadeira guerra política contra tesoureiros desonestos e juízes municipais, contrários à reforma. Diz a tradição que Monte Carmelo chegou a lançar mão de seu próprio patrimônio, para saldar dívidas com fornecedores.

Em 24 de junho de 1888, ano da Abolição dos escravos, aconteceu a grandiosa festa da bênção da nova igreja. Dom Lino Deodato, bispo de São Paulo, veio especialmente para a celebração da missa solene, programada para as 10 horas. Mas a primeira missa do dia, a missa das 8 horas, foi celebrada pelo Cônego Frei Joaquim de Monte Carmelo. Sobre esta celebração, o Coronel Rodrigo Pires do Rio faz o seguinte comentário:

"Após a missa, o celebrante foi abraçado por quase todos que a ela assistiam, confundindo-se as lágrimas dos abraçantes com as do abraçado".

Teria sido somente a bênção da nova igreja, que continuaria sendo chamada pelo povo, carinhosamente, de Capela, a razão para as lágrimas dos abraçantes e do abraçado?
Tamanha dedicação à reforma da Capela de Nossa Senhora Aparecida deve ter alcançado dela a graça da indulgência, por parte da Igreja, para o Cônego, que se achava afastado do ministério sacerdotal, devido ao seu gênio impulsivo e contestatório. Dom Lino Deodato lhe confere a indulgência e, a partir daquela manhã radiosa, o Cônego pôde entoar de novo o seu *Introibo ad altare Dei* – Entrarei no altar de Deus.

A beleza da nova igreja, que se completara com o altar-mor de mármore de Carrara, importado da Itália, justifica os elogios da imprensa da época:

"... internamente a arquitetura, a riqueza, a escultura deslumbram".[8]

Hoje, do alto da colina, outrora Morro dos Coqueiros, a Basílica Velha contempla o Vale que a viu surgir do sonho e da audácia de um monge baiano – Cônego Frei Joaquim de Monte Carmelo. Ela foi testemunha da maior parte da vida de Aparecida: de sua infância, dependente de Guaratinguetá, e de sua adultez, quando se tornou emancipada, em 1928.

---

[8] Maia, Guerreiro. In *"Annais Apparecidenses"*, de 28 de dezembro de 1891.

A Basílica Velha contempla o Vale que a viu surgir do sonho e da audácia do monge baiano, Frei Joaquim de Monte Carmelo.

12. A Nova Basílica, Santuário Nacional de Nossa Senhora da Conceição Aparecida

> *"... Maria! Eu vos saúdo, vos digo Ave!, neste Santuário, onde a Igreja do Brasil vos ama, vos venera e vos invoca como Aparecida."*
>
> Papa João Paulo II – 1980

"*P*or Santuário entende-se a igreja ou outro lugar sagrado, nos quais, por algum motivo especial de piedade, os fiéis, em grande número, fazem peregrinações, com aprovação do Ordinário (bispo) do lugar."[9]

Se o título de basílica, ao papa cabe conceder, o de santuário cabe, primeiramente, ao povo eleger. Ele descobre que num lugar determinado – igreja, gruta –, por iniciativa divina, a misericórdia de Deus é manifestada, principalmente aos pobres e sofredores. Começam as peregrinações. Se o bispo do lugar constata que não se trata de uma manifestação de fé transitória, mas que ali Deus age em favor de seu povo, através de alguma devoção, aprovada pela Igreja, aquele lugar é declarado santuário.

A Capela de Nossa Senhora da Conceição Aparecida, anualmente, era visitada por milhares de romeiros que vinham buscar a intercessão misericordiosa da Imagem, encontrada no rio Paraíba, por três benditos pescadores. Dom Lino Deodato Rodrigues de Carvalho, percebendo que ali Deus agia em favor de seu povo, elevou a Capela a Episcopal Santuário, em 28 de novembro de 1893.

O Episcopal Santuário, hoje Basílica Velha, foi-se tornando pequeno para acolher os devotos da Senhora Aparecida. O

---

[9] *Estatuto e Diretrizes do Conselho de Reitores de Santuários do Brasil*, 1994.

bispo, Dom José Gaspar, e os missionários redentoristas, que cuidam da pastoral do Santuário desde 1894, logo começaram a sonhar com um novo templo para a Rainha e Padroeira do Brasil, que abrigasse seus devotos, em número cada vez maior.

Dom José Gaspar e os redentoristas começaram a busca do terreno. A princípio, pensou-se em construir o novo Santuário atrás da Basílica Velha. Mas os moradores das imediações ofereceram resistência. Não aceitaram vender suas terras para a construção. O morro do Cruzeiro foi outro local pensado. Mas acabaram optando pelo morro das Pitas. A localização e a extensão do terreno eram favoráveis.

Com o falecimento de Dom José Gaspar, assume a Arquidiocese de São Paulo o Cardeal Dom Carlos Carmelo de Vasconcellos Motta. O comprometimento com a construção não ficou só em palavras. O Cardeal tornou-se o grande entusiasta do novo templo. Entregou ao arquiteto, Dr. Benedito Calixto de Jesus Neto, a missão de elaborar sua planta.

Os cinquenta anos de história da construção do Santuário Nacional de Nossa Senhora da Conceição Aparecida tiveram datas marcantes:

1946 – Bênção da Pedra Fundamental, presidida pelo Cardeal Patriarca de Lisboa, Dom Manuel Gonçalves Cerejeira. É erguido um Cruzeiro no local. No dia seguinte, o Cardeal Motta celebra missa diante desse Cruzeiro.

1951 – O projeto, elaborado por Dr. Calixto, é apresentado à imprensa, em entrevista coletiva, dada pelo Senhor Cardeal.

1955 – Após dez anos de trabalhos de infraestrutura, começam, efetivamente, os trabalhos de construção do templo.

1959 – A nave norte começa a ser usada, nos finais de semana e feriados, pelos romeiros.

1960 – Montagem da primeira peça metálica da Torre. A estrutura metálica foi doada pelo Presidente da República, Dr. Juscelino Kubitschek de Oliveira.

1964 – Posse de Dom Carlos Carmelo de Vasconcellos Motta como Arcebispo de Aparecida.

1967 – 250 anos do Encontro da Imagem. Chega a Aparecida a Rosa de Ouro, presente do Papa Paulo VI a Nossa Senhora Aparecida.

1970 – Conclusão da cúpula central do Santuário. Rescisão do contrato com a firma Irmãos Maiutti, responsável pela construção. Padre Noé Sotilo, redentorista, assume os trabalhos. Escreve, com a vida, uma das páginas mais bonitas da construção.

1972 – Morre, em Aparecida, o arquiteto do Santuário, Dr. Benedito Calixto.

1974 – Término da nave sul e utilização dela na Festa da Padroeira. As naves leste e oeste foram concluídas anos mais tarde e deram à construção o formato de uma cruz grega.

1980 – O Papa João Paulo II vem para sagrar o novo templo, ainda inacabado.

1982 – Nossa Senhora Aparecida é conduzida pelas ruas de Aparecida, em carreata. Depois vem para ficar, definitivamente, em seu novo Santuário.

Hoje – O Santuário Nacional ainda está em fase de acabamento.

A construção da igreja foi pensada e está sendo executada em função do romeiro que, com suas esmolas, financia toda a obra. Dom Antônio Ferreira de Macedo, nome para sempre ligado à história da construção da Nova Basílica, costumava dizer: "Esta igreja está sendo construída com críticas de padres, palpites de ricos e esmolas dos pobres".

Além do espaço sagrado para as celebrações litúrgicas, o romeiro encontra no Santuário: salão para descanso e lanche; parques com bancos, sanitários e água potável; pronto-socorro, berçário. No Pátio João Paulo II, o Centro de Apoio ao Romeiro oferece aos visitantes um comércio organizado e afastado do espaço sagrado.

Para todo atendimento ao romeiro, o Santuário conta com a pastoral organizada e executada pelos missionários redentoristas que, há mais de cem anos, divulgam a devoção a Nossa Senhora Aparecida pelo Brasil.

Os romeiros que entram no Santuário pela primeira vez têm um impacto, diante de suas dimensões. E a pergunta que frequentemente fazem: "Quantos mil tijolos foram utilizados na sua construção?" Os que conhecem a história dessa obra indagam: "Quantos mil trabalhadores misturaram seu suor à massa que liga os vinte e cinco milhões de tijolos?" "Quantos sonhos sustentam essas abóbadas gigantescas?"

Dos que sonharam e sonham: cardeais, bispos, padres e arquitetos; dos que realizaram: romeiros e operários – Nossa Senhora conhece as pegadas que o tempo não apaga. De seu nicho, olha com ternura e abençoa esses seus filhos prediletos.

"Os romeiros que entram no Santuário
pela primeira vez têm um impacto, diante de suas dimensões..."

Segunda parte

OS ESCOLHIDOS
DA SENHORA APARECIDA

1. *O povo de Aparecida*

"Já estive diversas vezes na Aparecida / onde há uma velha luta / que é uma antiga disputa / entre duas casas comerciais / que querem ao mesmo tempo ser / na ladeira do Sol / a Verdadeira Casa Verde."

Oswald de Andrade — "Poema do Santuário"

Em torno da "Capella", um povo de diferentes matizes foi tecendo uma história-poema: a História de Nossa Senhora da Conceição Aparecida, de seus Milagres, de seu Santuário e de seu povo.

Pescadores, lavradores, sitiantes e fazendeiros já estavam aqui para acolher a Imagem, saída das águas do Paraíba. Foram alguns desses sitiantes que doaram terras para a construção da "Capella" no Morro dos Coqueiros. Essa "Capella" foi o marco inicial da cidade de Aparecida.

Com a construção da igreja, ao seu redor, foi-se estabelecendo um núcleo comercial de artigos religiosos, do qual os naturalistas alemães, João Batista von Spix e Carlos Frederico von Martius, em 1820, já davam notícias:

"Após uma milha de marcha, chegamos ao Sítio das Romarias, Nossa Senhora Aparecida, Capella situada num outeiro, cercada de algumas casas".[10]

---

[10] SPIX E MARTIUS. *Viagens pelo Brasil* — 1817 e 1820 — Imprensa Nacional, 1938, v.3, p. 131 do v. I.

Para compor a ciranda de casas, da qual a "Capella" era o mais lindo verso, vieram das redondezas lavradores, escravos libertos e não libertos, e até músicos. De longe, vieram portugueses, franceses, italianos, sírio-libaneses e alemães. Todos deixaram marcas indeléveis na formação cultural, moral e religiosa dos aparecidenses.

Em 1869 os franceses Robin & Favreau vendiam, no largo da Capela, os "verdadeiros retratos de Nossa Senhora da Conceição Aparecida". Por que "verdadeiros"? Porque antes desses fotógrafos, as estampas encontradas traziam Nossa Senhora Aparecida com traços diferentes da verdadeira. Sua cútis era branca e vestia-se à moda do Império. Nota-se que foram desenhadas e confeccionadas em Paris, e certamente por alguém que não teve a ventura de conhecê-la.

Além desses fotógrafos franceses, temos notícias de uma pianista, também francesa, que alegrava as refeições dos hóspedes do "Hotel Precioso", hoje "Hotel Recreio". Era Madame d'Aguerre, falecida em 1910.

De portugueses e de italianos são os troncos das tradicionais famílias aparecidenses. Os sírio-libaneses chegaram há mais de cem anos. Não conheciam nossa complicada língua portuguesa. Mas conheciam bem a linguagem do gesto acolhedor. Todo romeiro era chamado de compadre e, como tal, era tratado. Muitos acabaram se tornando compadres de verdade. Foram eles que começaram o comércio ambulante de Aparecida. Ambulante porque, no começo, as "caixinhas"[11] não tinham ponto fixo: havia o rodízio e, assim, todos passavam pelos pontos considerados bons de comércio. A primeira "caixinha" foi ideia da libanesa, Ana Maria Bouéri, no início do século XX.

Os alemães vieram vestidos de preto, rosário à cintura, e colarinho branco. Eram os missionários redentoristas.

---

[11] Espécie de mesa com tampa de vidro e gaveta com repartições para serem colocados terços, medalhinhas e demais objetos religiosos.

Traziam na bagagem o ideal do fundador da Congregação: Santo Afonso Maria de Ligório.

Mais tarde vieram mineiros, nortistas. Depois os japoneses e os coreanos. Vieram também os forasteiros. Forasteiro é aquele que veio só para ganhar dinheiro. Ganham aqui e gastam ali, pagando impostos para outras prefeituras.

Esse povo miscigenado escreveu páginas de uma história vigorosa, permeada de fé e de lirismo.

2. Três benditos e humildes pescadores

"... Colhida pela rede cansada de três pescadores, estes sentiram a presença do sobrenatural naquela imagem quebrada."

Cônego João Corrêa Machado, 1975

Os intermediários das mensagens que Nossa Senhora tem manifestado ao mundo, através de aparições reconhecidas pela Igreja, são sempre escolhidos por ela entre os pobres e humildes. Em Lourdes, na França, escolheu Bernadete, uma lenhadora; em Guadalupe, no México, o escolhido foi Juandiego, um índio; em Fátima, Portugal, as crianças: Lúcia, Jacinta e Francisco, três pastores. Em Aparecida a escolha recaiu sobre três pobres e humildes pescadores: João Alves, Felipe Pedroso e Domingos Martins Garcia.

Se a condição social dos escolhidos de Nossa Senhora é a mesma, o enfoque histórico dos fatos foi diferente. Os nomes de Bernadete, Juandiego, Lúcia, Jacinto e Francisco estão intimamente ligados à história de Lourdes, Guadalupe e Fátima. O mesmo não aconteceu com nossos três pescadores. Pouco sabemos de João Alves, de Felipe Pedroso e de Domingos Garcia. Os poderes públicos limitaram-se a nomear três pequenas ruas com seus nomes, quando deveriam dedicar-lhes praças ou avenidas. O monumento ao Encontro da Imagem, obra de Chico Santeiro, se além de artístico tivesse recebido ajuda financeira, por certo seria um monumento como os que enfeitam as praças públicas das cidades vizinhas. Nesse aspecto cultural, Aparecida é muito pobre. Faltam-nos monumentos, embora não nos faltem vultos dignos deles. E monumentos, quando bem aproveitados pelos educadores, tornam-se motivações para a formação do sentimento de cidadania.

Os três pescadores, pelas condições históricas e geográficas da região, pouco habitada na época, não deveriam ser apenas companheiros de pescaria, mas parentes entre si. O sobrenome "Alves" é de João e de Domingos, o que nos faz supor que os dois fossem parentes próximos.

Pelo depoimento de antigos moradores de Aparecida, como Dona Maria Madalena de Jesus, que em 1920 estava com 99 anos de idade, João Alves, o pescador em cuja rede Nossa Senhora apareceu, morava com sua mãe, Silvana da Rocha, no Morro dos Coqueiros.

Felipe Pedroso morava, na época do Encontro, em terras de Itaguaçu. Depois foi morar em terras de Lourenço de Sá, saída para a Vila de Guaratinguetá. Mais tarde, mudou-se para a Ponte Alta, às margens da estrada de Itaguaçu. Quis acabar seus dias no Porto de Itaguaçu. Foi o pescador que ficou mais tempo com a Imagem, entregando-a, como herança, ao filho Atanásio Pedroso.

Domingos Garcia parece ser o mais velho dos três. Foi o primeiro a receber de Nossa Senhora, no céu, o prêmio que lhe negaram na terra: a glória dos escolhidos.

Na Aparecida dos meus sonhos há uma grande praça, chamada Praça Três Pescadores. Nela, crianças e jovens, diante de um monumento, aprendem a origem de nossa cidade.

3. Padre Vilela, nosso primeiro historiador

> *"... Se não há documento que descreva a festa, existe ainda hoje a certidão feita pelo Pe. Vilela documentando o solene ato da bênção e inauguração..."*
>
> Padre Júlio Brustoloni, 1979

Padre José Alves Vilela assumiu a Paróquia da Vila de Santo Antônio de Guaratinguetá em novembro de 1725, oito anos após o encontro da Imagem.

Pela tradição oral, o pároco da Vila só tomou conhecimento dos prodígios da Imagem por ocasião da morte de Felipe Pedroso. Parece ter-se enamorado da Virgem Morena logo ao primeiro olhar. Seu nome ficou, para sempre, ligado à Aparecida que, se não o viu nascer, assistiu à sua passagem para a eternidade...

Padre Vilela viu que chegara a hora de providenciar, junto às autoridades eclesiásticas, a autorização para a construção de uma igreja, de acordo com as normas previstas no Direito Canônico. Ao providenciar a documentação exigida, narrou o milagroso Encontro e os fatos extraordinários ocorridos em torno da Imagem. Tornou-se, assim, o nosso primeiro historiador.

A documentação foi feita por volta de 1743. Esse afastamento no tempo ocasionou um erro quanto à data do Encontro da Imagem, que só foi corrigido no século XX, após a descoberta do manuscrito, no Arquivo de Lisboa: *"Diário da jornada que fez o Exmo. senhor Dom Pedro, desde o Rio de Janeiro até a cidade de São Paulo e desta até Minas, ano de 1717".* A documentação do Padre Vilela traz o ano de 1719.

O autor da Primeira História de Nossa Senhora Aparecida nasceu em 1696. Aos 29 anos de idade foi nomeado pároco da Vila de Santo Antônio de Guaratinguetá. Por vinte anos esteve à frente dessa paróquia. Era padre do hábito de São Pedro. Ao tomar conhecimento da existência de uma imagem milagrosa, encontrada no rio Paraíba, quis conhecê-la pessoalmente. Foi tomado de amores pela Senhora Morena, e tornou-se o primeiro apóstolo hierárquico de sua devoção. Empenhou-se, de corpo e alma, na construção da Capela do Morro dos Coqueiros. Conseguiu vê-la inaugurada em julho de 1745.

Ao ser sucedido por outro vigário, em dezembro de 1755, Padre Vilela mudou-se para Cunha. De Cunha, foi para Pindamonhangaba. Depois voltou para Aparecida, como proprietário de uma fazenda nas imediações. Nessa fazenda, construiu um cemitério para os pobres.

Esse devoto das primeiras horas da Virgem Aparecida escolheu morrer em terras de sua eleita. A morte o colheu, repentinamente, junto ao córrego do Sá, onde hoje está a capela de São Paulo Apóstolo. Era dia 2 de setembro de 1779. Estava com 83 anos. Seus restos mortais permaneceram na Capela que construiu para Nossa Senhora Aparecida até 1880.

O único reconhecimento que recebeu pelo muito que nossa cidade lhe deve está nos *Annais Apparecidenses* de 1906:

"O primeiro benemérito que teve Aparecida para o bem religioso foi o Irmão José, o qual esmolou para a Construção da primeira igreja, construída em 1745..."

E só!

4. Monte Carmelo, o Cônego audacioso

"... garanto que o Sr. Cônego, Dr. Joaquim de Monte Carmelo, além de ser um caráter sério, probo e honrado, tem-se dedicado de corpo e alma à realização daquele piedoso e santo edifício que já consumiu sua fortuna e está resolvido a consumir sua própria existência para realizar seus sonhos dourados."

Padre Miguel Martins da Silva – Bananal, 1883

No dia 24 de junho de 1888, Festa da Imaculada Conceição, Dom Lino Deodato Rodrigues de Carvalho benzia e inaugurava a nova igreja, que hoje chamamos, carinhosamente, de Basílica Velha. Talvez tenha sido o feito maior do monge baiano, Cônego Monte Carmelo.

Natural da Bahia, Joaquim de Monte Carmelo nasceu em 19 de setembro de 1817, cem anos após o Encontro da Imagem. Tornou-se padre da Ordem dos Beneditinos, doutorando-se em Teologia pela Universidade de Roma.

Voltando ao Brasil, após o doutoramento, foi eleito superior do Mosteiro de Santos. Depois foi vigário da igreja da Penha de França, em São Paulo.

Deixou de pertencer ao clero religioso para passar para o clero secular, hoje chamado de diocesano. Como cura diocesano, ocupou a cadeira de Cônego na Catedral de São Paulo.

Em meados do século veio para Aparecida, onde se destacou como homem culto e empreendedor. Em 1878 foi nomeado por Dom Lino Deodato capelão do Santuário e, como tal, encarregado de sua reforma e ampliação.

O trabalho foi penoso pela falta de recursos e pelas críticas maldosas de pessoas contrárias à sua obra. Dizem seus biógrafos que chegou a gastar seu próprio dinheiro na construção da igreja.

Em 1888 viu concluída sua obra.

O gênio colérico e sua tendência para polemizar as determinações que vinham da hierarquia renderam-lhe a suspensão das ordens eclesiásticas. Nossa Senhora, como recompensa por tanta determinação à causa de sua Capela, alcança-lhe a reconciliação. Dom Lino concede-lhe as indulgências e restitui-lhe o uso das ordens sacerdotais.

Por tudo isso, o audacioso monge baiano tinha motivos de sobra para, naquela manhã de 24 de junho de 1888, durante a missa das 8 horas, misturar suas lágrimas às da assembleia. Ele, como tantos outros peregrinos, alcançara da Virgem Aparecida o perdão e a paz desejados.

Após sua reintegração às ordens sacerdotais voltou para sua congregação. Foi presidente dos mosteiros de Santos e de Sorocaba, Estado de São Paulo.

Faleceu em 11 de agosto de 1899, com oitenta e dois anos de idade, no Mosteiro de São Bento, na Bahia, sua terra natal.

Os poderes públicos, merecidamente, denominaram a principal rua de Aparecida – a antiga Rua da Calçada – de Ladeira Monte Carmelo.

5. Os Missionários da Capela

> *"... Antes de tudo, padres e irmãos desta casa devem conservar os mais íntimos sentimentos de gratidão para com Deus que nos chamou para este Santuário, onde podem viver sob o olhar e a proteção da Santíssima Virgem."*
>
> Padre Gebardo Estêvão Wiggermann, 1895

Os missionários, vestidos de batina preta, colarinho branco e rosário à cintura, foram logo chamados carinhosamente, pelos romeiros, de "Missionários da Capela".

Pelo regime republicano, introduzido no Brasil em 1889, a Igreja deixava de ser Padroado e os padres perdiam o vínculo de funcionários públicos. Um desejo de renovação espiritual perpassava todo o episcopado brasileiro. Para alcançar esse objetivo, diversos bispos foram à Europa, atrás das congregações religiosas. Entre eles, Dom Eduardo Duarte da Silva, bispo de Goiás, e Dom Joaquim Arcoverde de Albuquerque Cavalcante, bispo coadjutor de São Paulo. Estes, guiados pela Providência, quiseram confiar seus santuários – o de Trindade, GO, e o de Aparecida, SP – aos populares missionários, filhos de Santo Afonso, que viviam na Alemanha.

Os redentoristas chegaram a Aparecida na noite de 28 de outubro de 1894. O chefe deles era Padre Gebardo Estêvão Wiggermann, homem santo e corajoso que, como seus companheiros, gastou seus dias a serviço da Redenção no Brasil.

Com a chegada dos padres alemães, tudo mudou no Santuário e na Paróquia de Aparecida. Em 1897, Padre Valentim Von Riedl escrevia: "Antes da nossa chegada não havia culto organizado, não havia missa diariamente e muito menos se atendiam confissões".

A primeira preocupação dos missionários foi com a catequese popular. A dificuldade linguística foi obstáculo logo superado pelo zelo e trabalho daqueles abnegados alemães.

A devoção mariana foi o eixo que norteou a Pastoral do Santuário de Aparecida. Sobre as atividades dos missionários, o testemunho do Coronel Rodrigo Pires do Rio retrata bem a determinação dos alemães: "Vinham a serviço de Deus. O púlpito e o confessionário foram as armas de que lançaram mão; eram brandidas com força hercúlea; não havia quem lhes resistisse".

Acostumados à linguagem dos números, podemos ler neles a demonstração da eficácia dessa ação missionária. Em 1894, quando chegaram os missionários, as comunhões distribuídas no Santuário foram perto de duzentas. No ano seguinte, perto de duas mil. Daí para a frente só aumentaram.

Os missionários redentoristas alemães e os brasileiros que abraçaram essa vocação encarnaram o lema de Santo Afonso: gastar seus dias em favor da redenção dos mais abandonados. Uns mais, outros menos. Alguns foram até às últimas consequências. Da vida de alguns, tomei conhecimento através de leituras e do testemunho de quem os conheceu; de outros, tive a ventura de ler o texto ao vivo. Nos nomes que seguem, a homenagem aos missionários redentoristas de ontem e de hoje.

Padre Gebardo Estêvão Wiggermann

A este missionário devemos um pouco da vinda dos redentoristas para o Brasil e muito da permanência deles em Aparecida.

Padre Gebardo nasceu na Alemanha em 1843. Era filho de pais pobres e doentes. Aos dois anos caiu num poço e foi providencialmente salvo. Tornou-se padre diocesano e, mais tarde, redentorista.

Quando Dom Joaquim Arcoverde esteve na Alemanha, em busca de congregação religiosa para lhe confiar a Capela de Aparecida, o Padre Geral dos redentoristas resistiu, a princípio. Já havia se comprometido em mandá-los para Goiás e não queria arriscar um número maior de missionários. Padre Gebardo empenhou-se em favor de Dom Arcoverde.

"... Posso indicar a Vossa Paternidade oito padres aptos e que sofreriam muito se não fossem indicados para o Brasil, entre os quais estou eu, seu criado."

Padre Gebardo foi indicado para chefe dos missionários, recebendo a denominação de Padre Visitador. Deveria morar em Goiás, sede da nova Missão.

Em Goiás, Padre Gebardo e seus companheiros sofreram muitas privações. Mas foi a dificuldade de comunicação com a província-Mãe que o fez solicitar a transferência da sede para Aparecida.

"... Às vezes tenho vontade de me lançar ao mar e ir ter com Vossa Paternidade para resolver assuntos que, por carta, levam uma eternidade."

Mas as privações e dificuldades não foram privilégios só de Goiás. Em Aparecida também Gebardo as enfrentou. Principalmente as desencadeadas pelos opositores que perderam seus privilégios econômicos. Entre estes, os redatores de jornais existentes na época. A resposta do Padre Gebardo veio através da fundação de um jornal que se tornou porta-voz de Nossa Senhora – "O Santuário de Aparecida".

O sofrimento maior de nosso santo missionário foi quando o Superior Geral decidiu chamar de volta para a Alemanha os redentoristas que estavam em Goiás e em Aparecida. A alternativa para os que desejassem permanecer no Brasil era a incorporação deles ao grupo de missionários redentoristas holandeses, que trabalhava em Minas Gerais. Padre Gebardo empenhou-se, de corpo e alma, para que os redentoristas aqui permanecessem. Na resposta do Superior Geral está o reconhecimento da brasilidade do missionário:

"Padre Gebardo está satisfeito de poder viver e trabalhar em Aparecida. O Brasil está em seu coração".

Desse autêntico filho de Santo Afonso temos as marcas nas obras que realizou em Aparecida:

– Fundação do Seminário Redentorista Santo Afonso, 1898.

– Fundação da Editora Santuário e do Jornal "Santuário de Aparecida", em 1900.

– Construção do Convento Redentorista.
– Empenho e realização da Coroação de Nossa Senhora Aparecida, em 1904.
– Renovação Pastoral no Santuário de Nossa Senhora Aparecida.
– Início da pregação das Missões Populares.
– Publicação do Manual do Devoto.

De todos os seus feitos, a vinda dos redentoristas para o Brasil e a permanência destes em Aparecida são seus gestos maiores.

"... Quero morrer e desejo a morte para poder servir-vos, louvar-vos e amar-vos no céu, sem temor de perder-vos."

Esse trecho do seu testamento espiritual mostra o quanto o Padre Gebardo estava maduro para o céu. Deus veio colher esta alma no dia 15 de outubro de 1920.

Em carta de pêsames à Congregação, disse Dom Eduardo Duarte Leopoldo da Silva:

"A Arquidiocese de São Paulo muito lhe deve, pois antes dele jamais os romeiros de Aparecida conheceram o que é a verdadeira devoção para com Nossa Senhora".

Irmão Bento

Seu nome de Batismo era José Hiebl.

Nasceu na Alemanha, em 1837. Filho de ricos fazendeiros, recebeu uma formação básica e noções de escultura.

Era muito alegre e, na juventude, incorporou-se aos jovens boêmios de sua terra.

Após uma missão redentorista, resolveu mudar de vida, tornando-se um católico praticante.

Quando resolveu tornar-se um religioso redentorista, encontrou muita resistência na família. Mas seguiu o conselho evangélico: colocou a mão no arado e foi sempre para a frente, em busca do seu ideal. Tornou-se redentorista em 1865.

Em 1895 prontificou-se a trabalhar no Brasil.

Em Aparecida, além de professor no novo Seminário, dedicou-se à escultura e à pintura, deixando-nos importante acervo. Parte dele está no Museu Nossa Senhora Aparecida.

Um de seus crucifixos, o maior, hoje compõe o altar dos santos redentoristas, na ala oeste do Santuário Nacional de Aparecida.

Talvez a melhor obra do Irmão Bento tenha sido a formação que deu ao seu aluno aparecidense, Chico Santeiro.

Como seus companheiros, sofreu muito no início da Missão no Brasil. Em carta dirigida ao irmão, dizia que se soubesse que a vida aqui era tão difícil, não teria se oferecido para vir para cá.

No seu trabalho artístico, feriu acidentalmente o pé. A infecção lhe custou a vida.

Irmão Bento morreu em Aparecida, em 1912, com 75 anos.

Padre Isac Barreto Lorena

(...)
"Busquei-vos, Virgem, meu guia e norte;
Pude encontrar-vos no meu errar,
E as dores todas de minha sorte
Se desfizeram ao vosso olhar."
Simão Cireneu, 1934

Simão Cireneu era pseudônimo do redentorista aparecidense Padre Isac Barreto Lorena.

Deste escolhido de Nossa Senhora ninguém pode dizer que "enterrou os talentos". E como os tinha!

Poeta, escritor, orador e, sobretudo, músico, este herdeiro da veia artística Lorena-Barreto reinou com as notas musicais e com a batuta de maestro. Deixou-nos composições sacras que, hoje executadas, comovem os entendidos, e os nem tanto... São suas: "Mãe do Perpétuo Socorro", "A Nossa Senhora Aparecida", "Virgem Santa, eu sou teu Filho", "Juntos, Vivamos", "Para Depois da Comunhão" e outros.

Era filho de Maria Benedita Barreto e do Maestro Oscar Randolfo Lorena. Nasceu em Aparecida, em 14 de janeiro de 1914.

A sólida formação familiar e o chamado divino o levaram a ingressar no Seminário. Aos vinte e três anos ordenou-se padre redentorista. Como autêntico filho de Santo Afonso, viveu intensamente sua consagração em diversos campos de trabalho: missões populares, formação, paróquia, pregador de retiros, arquivista.

Como bom "Lorena" era espirituoso, e sua fina ironia, sem nunca cair na vulgaridade, tornava alegre a convivência amiga.

Em 21 de janeiro de 1998 passou a fazer parte de sua própria obra "Os que nos precederam". Morreu aos oitenta e quatro anos.

Padre Vítor Coelho de Almeida

"Adeus, caríssimo!"

José Maria Ribeiro – 21 de julho de 1987

A frase acima esteve nos carros, nas vitrinas e até na testa de alguns jovens, no dia do chorado enterro do Padre Vítor Coelho de Almeida.

Elaborada com criatividade, possibilita duas leituras intertextuais: despedida e proclamação do amor de Deus pela pessoa do Pe. Vítor.

"Caríssimo" era a palavra mais usada pelo Padre Vítor. E bastava que, com os olhos semicerrados, a pronunciasse para que a assembleia se voltasse para ele, como que eletrizada.

Por que tanto carisma?

Padre Vítor Coelho de Almeida foi um autêntico missionário redentorista. No final da vida, nem precisava da batina preta ou branca, colarinho branco e rosário na cintura. Estava revestido do ideal de Santo Afonso. A Copiosa Redenção, levada por ele a todos os cantos do Brasil, fosse através das Missões Populares, fosse através dos microfones da Rádio

Aparecida, impregnou-o. Viveu a verticalidade e a horizontalidade da cruz.

Sua dimensão vertical: se tinha os pés no chão, via e denunciava a realidade injusta dos juros altos, da terra mal repartida, dos baixos salários; a cabeça, como seus ponteiros, estava voltada para o infinito. Com unção, falava da Trindade, de Maria, da Eucaristia, do perdão divino, de Afonso.

A horizontalidade da cruz é a dimensão mais difícil de ser concretizada na vida de todo líder. Há muito educador olhando o aluno do alto de sua cátedra; políticos falando ao povo, do alto de seus palanques; pregadores pregando do alto de seus púlpitos. Padre Vítor Coelho acolhia a simplicidade do romeiro; rezava pelos doentes, na Consagração das 15 horas, e ia visitá-los nas enfermarias do hospital; condenava o pecado e, em seguida, ia oferecer o perdão aos presos da cadeia local; condenava as injustiças e repartia com os fotógrafos da praça o direito de fotografá-lo com os romeiros, que queriam levar uma foto com o Padre Vítor para casa.

A morte colheu esse homem de Deus, caríssimo de todos nós, um dia após ter renovado seus votos de entrega total à Missão de Jesus Cristo, na Congregação Redentorista. Era dia 21 de julho de 1987.

Esse redentorista por inteiro nasceu em Sacramento, Minas Gerais, no dia 22 de setembro de 1899.

Aos oito anos ficou órfão da mãe, Maria Sebastiana. Como o pai, Professor Leão Coelho de Almeida, precisasse sair pelas fazendas e sítios para dar suas aulas particulares, o pequeno Vítor ficava aos cuidados da avó, que "não podia com a vida do menino". Mais na rua que em casa, aprontava tanto que o tio, que tinha o mesmo nome do sobrinho, Cônego Vítor Coelho de Almeida, para aliviar a própria mãe do pesado encargo, achou melhor levá-lo para o Seminário dos severos padres redentoristas alemães.

No Seminário Santo Afonso, o garoto queria ser qualquer coisa, menos padre. Na sinceridade que o caracterizava, confessou ao Diretor que não podia ser padre porque já havia praticado muita safadeza, como menino de rua. O Diretor respondeu-lhe que não importava o que ele tinha sido, mas sim o que seria dali para a frente. Foi o que bastou. Sempre se proclamando fruto da misericórdia de Deus e da proteção de Nossa Senhora, o jovem Vítor Coelho ordenou-se padre redentorista em 5 de agosto de 1923.

A tuberculose afastou-o das missões populares. Milagrosamente curado em Campos do Jordão, retornou à missão de pregador, agora através da Rádio Aparecida. Seus programas: "Os ponteiros apontam para o infinito", "Consagração", "Entrevista com os romeiros", "Escadinha do Céu" levavam aos lares brasileiros a Palavra de Deus, catequese, formação para a cidadania – expressão moderna para um conteúdo marcante na pregação desse missionário. Levava, sobretudo, o amor por Nossa Senhora. Em sua entrevista, dada um pouco antes de morrer, contou:

"Um dia minha avó pendurou no meu pescoço uma medalha de Nossa Senhora Aparecida e me disse: 'que essa Mãe cuide de você'. E ela cuidou".

Padre Vítor Coelho de Almeida: sua lembrança permanece viva entre nós.

Padre Vítor Coelho de Almeida, o escolhido da Senhora Aparecida

6. Chico Santeiro, um missionário diferente

"... Por tudo isso eu me sinto um missionário diferente, pois ajudei, com meu trabalho e minhas imagens, a propagar a devoção à Virgem da Conceição Aparecida, a quem devo tudo o que tenho e fiz."

Santuário de Aparecida, 3-2-1980

Francisco Ferreira, o Chico Santeiro, era paulista de Cunha.

Ainda menino, veio no colo de seus pais para Aparecida. Tendo feito a primeira Comunhão, tornou-se coroinha do Santuário. Entre um *Introibo ad Altare Dei* e o *Ite missa est*, ia fotografando, no inconsciente, as imagens que lhe sorriam do altar. Especialmente a Virgem da Conceição Aparecida. Esses traços seriam um dia imortalizados pelo seu cinzel.

Foi o Irmão Bento que descobriu os dotes artísticos do coroinha, que vivia com as unhas sujas da cera que usava na confecção de suas imagens de brinquedo. Sua orientação vocacional foi decisiva para o pequeno artista.

O aluno não se contenta em receber ensinamentos do mestre. Quer segui-lo mais de perto. Entra para a Congregação Redentorista. Fica dois anos no noviciado mas não chega a professar como Irmão.

O Padre Afonso, redentorista, consegue um emprego para o jovem artista na Oficina do Santeiro Marino de Favero. Chico trabalha durante o dia e à noite estuda no Liceu de Arte e Ofício, em São Paulo.

Com 21 anos, casa-se com a aparecidense Maria do Carmo Ferreira, com a qual tem treze filhos.

Chico Santeiro, que um dia fora também cobrador do bonde puxado a burro, que saía da Estação levando os romeiros para o Santuário, fez muitas imagens. Elas estão esparramadas pelo Brasil e pela Europa. Um de seus belos presépios está no Museu Sacro de São Paulo. Mas o que mais fez foi imagem fac-símile de Nossa Senhora Aparecida. Esculpiu mais de duas mil delas. E quando já estava impossibilitado, pela artrite, de usar o cinzel, moldava a imagem no barro.

O monumento ao Encontro da Imagem, que se encontra no Porto Itaguaçu, é da autoria desse artista de Nossa Senhora. Também são seus os quadros que narram os primeiros milagres da Virgem Aparecida e se encontram no Museu do Santuário.

Chico Santeiro faleceu em 1980, na cidade de Aparecida, que abraçou como sua. Sobre seu túmulo, o epitáfio que traduz sua filosofia de vida:

"O Artista tem que ser livre, nem que seja para vadiar e morrer de fome".

7. Os emancipadores

> "... E os meus votos, neste instante, ao dar minha aprovação ao Projeto, são por Aparecida – a Lourdes do Brasil – e onde há centenas de anos, fez sua morada a Santa Milagrosa, a Virgem Aparecida."
>
> Deputado Rangel de Camargo, 11-11-1928

Todo processo de emancipação de um município envolve forças favoráveis e contrárias. Com Aparecida não foi diferente.

Guaratinguetá, de quem Aparecida era dependente, tinha status de berço do Presidente da República. E os Rodrigues Alves eram contrários à nossa emancipação. Mas havia também um Deputado Estadual, o Doutor Rangel de Camargo, que era favorável às pretensões aparecidenses.

Em Aparecida, a maioria era pela emancipação. Mas alguns imigrantes, temendo pela autorização de permanência no Brasil, manifestavam-se contrários a ela. O mesmo se dava com alguns funcionários públicos.

O ponto de encontro dos emancipadores era a Farmácia de Américo Alves que ficava no Largo Dr. Licurgo Santos (hoje Praça Nossa Senhora Aparecida). Ali estava, sempre reunida, a elite pensante da Emancipação: Américo Alves, Comendador Salgado, Juvenal Arantes, Isaac Encarnação, Benedito Júlio Barreto, Joaquim Leite, João Barbosa, Nenê de Andrade, Zezé Valadão, Horácio Moraes, Targino Rangel, Emídio Moreira, Pedro Natalício, Manoel Mathias, Gebran Chad e Júlio Machado Braga, com seu Jornal "A LIBERDADE". Na escadaria que fechava a Ladeira Monte Carmelo, isolando-a do Largo da igreja, ficavam os jovens, idealizando uma Aparecida emancipada. Mas nem sempre ficavam só nos ideais. Às vezes partiam para o enfrentamento com jovens de Guaratinguetá, que vinham de bondinho provocar

os aparecidenses. Um desses enfrentamentos aconteceu durante a quermesse da Festa da Padroeira, realizada na época em 8 de setembro. E foi presenciado por D. Duarte que, da sacada do convento dos padres, a tudo assistiu.
A ação do clero também foi decisiva.

Padre Antão Jorge, com seu equilibrado amor por Aparecida, estava sempre em contato com os emancipadores, animando-os para aquilo que achava justo e necessário: nossa emancipação.

O gesto de Dom Lino Deodato, elevando Aparecida a Episcopal Santuário, além de revelar predileção da Igreja para com a terra de Nossa Senhora Aparecida, serviu para acalorar as discussões dos deputados em São Paulo.

O desejo e as lutas pela emancipação duraram trinta e três anos. Já em 1895, o povo de Aparecida votou para Deputado em Dr. Carlos Campos, confiando-lhe advogar em favor da emancipação.

Em 1898 o Deputado Arnolfo de Azevedo apresentou o projeto no Congresso Legislativo para a criação do Município de Aparecida.

1917 – Comemorações do II Centenário do Encontro da Imagem. Os festejos servem também para inflamar os corações aparecidenses, pelo ideal de emancipação.

1924 – A pedido do Deputado Rangel de Camargo, a Comissão de Estatística remete documentação ao Congresso, provando que Aparecida já atingira a população exigida pela legislação para se emancipar: dez mil habitantes.

1925 – Baseado na documentação enviada pela Comissão de Estatística, o Deputado Rangel de Camargo apresenta o Projeto n. 34, criando o Município de Aparecida. Colocado na ordem do dia, o Projeto recebe parecer contrário. O Deputado não se abate e continua empenhado pela nossa luta.

Ao fazer uma de suas costumeiras visitas ao Santuário, é recebido com aplausos pelo povo e pelos emancipadores.

1928 – O Projeto é novamente apresentado aos deputados, em 11 de novembro. Agora com o endosso do próprio Presidente do Estado, o Dr. Júlio Prestes, e parecer favorável da Comissão de Estatística. Em 13 de dezembro o Projeto é aprovado pela Câmara e remetido ao Senado.

17 de dezembro – O Senado aprecia a documentação e aprova o Projeto 82, transformando em Lei nº 2312, criando o Município de Aparecida. A Lei é sancionada pelo Presidente do Estado, Dr. Júlio Prestes.

Os sinos da Basílica Velha anunciaram que Aparecida estava liberta. Acompanhados pelo órgão, os cantores, regidos pelo Maestro Barreto, entoaram o *Graças vos damos, Senhora*. Padre Antão Jorge, no portão da Basílica, proferiu para o povo que se aglomerava na praça, um discurso que mereceria ir para os anais da Câmara.

A chefia do novo Município foi confiada ao farmacêutico Américo Alves. No início de 1929 foi instalada a Câmara Municipal. O primeiro Ato público dos poderes Executivo e Legislativo foi em homenagem a Nossa Senhora: mudaram o nome da praça, palco de lutas e glórias, de Largo Dr. Licurgo Santos para Praça Nossa Senhora Aparecida.

1º plano: Juvenal Arantes, Isaac Encarnação, Joaquim Leite, Padre Antão Jorge, Comendador Salgado, Américo Alves, João Barbosa, Capitão Emídio Moreira, um roseirense.
2º plano: Dr. Hélio Silveira, Nenê de Andrade, Benedito J. Barreto, Targino do Amaral, Zezé Valadão, Horácio Morais.

8. A música na cidade-santuário

> *"Não costumo ensinar música para ouvidos de lagarto."*
>
> Maestro Randolfo José de Lorena, 1899

A música na Capela foi, inicialmente, confiada aos escravos de Nossa Senhora. Era costume, na época, fazendeiros doarem escravos como pagamento de suas promessas a Nossa Senhora.

O inventário da Capela, de 1750, traz arrolado o escravo Boaventura, organista "de orelha", isto é, tocava de ouvido. Durante a capelania do Cônego Monte Carmelo, o escravo João Belim era outro exímio organista "de orelha". Muito estimado pelo Cônego e pelo povo, foi contudo demitido do cargo, devido ao seu permanente estado de embriaguez. José Pires de Almeida sucedeu-o, contratado para solenizar as missas de sábado, mediante a gratificação de dois mil réis.

Quando os redentoristas chegaram, em 1894, encontraram um grupo de aparecidenses cantando no coro da Capela, acompanhado pelo organista Isaac Júlio Barreto. O mesmo que fundara, em 1886, a Banda Aurora Aparecidense, com a principal finalidade: abrilhantar as missas do Santíssimo, celebradas às quintas-feiras.

Em janeiro de 1895 falece o organista Barreto. Assume o Maestro José Catarina Gonçalves, que não tem a mesma postura respeitosa do anterior. Envolve-se em brigas e é dispensado.

Padre Gebardo, homem culto e missionário autêntico, tinha uma preocupação: dar o melhor para Nossa Senhora. Entre o que julgava melhor estava dotar o Santuário de uma banda, de um coral e de uma orquestra. Atendendo a um pedido seu, o tesoureiro do Santuário, João Maria de Oliveira César, foi para Cachoeira Paulista, atrás de um músico de fama que acabara de ali se instalar. O tesoureiro voltou trazendo o Maestro Randolfo José de Lorena. E tudo saiu conforme sonhara o missionário e reitor do Santuário.

Como músico qualificado, o maestro foi exigente:

"... No coro da igreja ninguém irá cantar de ouvido, ou apenas pelo gosto de cantar. Não costumo ensinar música para ouvidos de lagarto...".[12]

Graças a essa exigência de artista, formou-se a tradição de todo músico aparecidense, com estudos acadêmicos ou sem eles, ser capaz de ler uma partitura musical.

Em 1904 a Missa da Coroação de Nossa Senhora Aparecida foi solenemente cantada. Composição e regência foram responsabilidades do Maestro Randolfo José de Lorena.

O grande músico faleceu em 1914. A regência do coral e da orquestra foi confiada ao seu aluno, Benedito Júlio Barreto; a banda, ao seu filho, Oscar Randolfo Lorena.

Em 1928 chega da Alemanha o órgão, encomendado pelo redentorista Padre Francisco Wand. Dotado de muitos recursos, esse órgão deu nova vida ao coral e orquestra do Santuário.

As famílias Lorena e Barreto legaram aos filhos e netos os dotes musicais. Integrados ao coral, orquestra e banda, era fácil para o regente retirar dos instrumentos e das cordas vocais sons que enchiam o Santuário de louvores harmoniosos.

Maria Conceição Barreto, Anunciação Lorena Barbosa e, mais tarde, Osvaldo Aranha sucederam o Maestro Barreto no órgão. O Seminário Santo Afonso, que não descuidava do ensino de Música para seus alunos, ofereceu regentes do porte dos primeiros: Padre Isac Barreto, Padre João Barbosa, Padre Délcio Viesse, Padre Américo Stringhini.

---

[12] MAESTRO RANDOLFO JOSÉ DE LORENA. *Ecos Marianos 1985,* p.136.

Com banda, orquestra e coral, era rara a família aparecidense que não tivesse um ou mais de seus filhos integrados aos louvores sonoros a Nossa Senhora da Conceição Aparecida. Ladainhas, missas cantadas, composições a três, quatro vozes, duramente ensaiadas, solenizavam as festas, as manhãs de sábado e de quinta-feira, as noites de maio. Aos músicos, bastavam-lhes a beleza da execução e cantar para Nossa Senhora. Muitos deles ainda, sempre como colaboração, prolongavam sua arte, através de programas da Rádio Aparecida.

Com a música no sangue, alguns filhos de Aparecida brincaram com as notas musicais e, hoje, em alguma prateleira, partituras guardam a arte dos compositores: Oscar Lorena Barbosa, Benedito Júlio Barreto, Anunciação Lorena Barbosa, Conceição Barreto, José Afonso de Freitas, Zé da Banda... O Padre José Benedito de Sousa, salesiano, é outro filho da terra, com a música nas veias. Doutorado na Europa, compôs e regeu o Hino da Rosa de Ouro, por ocasião das comemorações dos 250 anos do Encontro da Imagem.

A Banda Marcial do Colégio La Salle foi outra glória da terra da Padroeira. Campeã regional, estadual e nacional, em concursos de bandas e fanfarras, foram inúmeros os troféus conquistados. Em desfiles de 7 de Setembro, a rivalidade entre as duas bandas, "La Salle" e "Américo Alves", engalanava a cidade de sons e de cores. Havia também a Fanfarra do Colégio Padroeira e a Bandinha do Padre Fré e da Guarda Mirim.

Hoje as fanfarras do Coteca e da Guarda Mirim têm trazido louros para a cidade. E a Banda Aurora Aparecidense ainda resiste, graças à bendita teimosia de poucos, entre esses poucos, o Senhor Pedrinho de Oliveira, José Belmiro Bustamante Reis, o seu Maninho, e a músicos, na maioria, de Lorena.

Com a nova orientação litúrgica, os corais desceram das tribunas e ficaram mais próximos da assembleia. Têm a finalidade de animar o canto durante as celebrações. Os grandes e sofisticados órgãos deram lugar a instrumentos menos complexos. Tanto o coral da Matriz Basílica como o do Santuário subsistem graças à boa vontade daqueles que, bravamente, resistem.

Os tempos são outros. As exigências também. Daqueles tempos memoráveis restam-nos o som dos carrilhões que, das torres da Basílica Velha, chamam, choram, cantam e encantam...

9. A Quarta Pescadora

> *"Julho / dia 31, segunda-feira. Constatamos hoje, com alegria, que os trabalhos de reconstituição e restauro da Imagem chegaram ao seu término e, para nosso contentamento, concluímos o presente relatório, agradecendo ao Senhor Deus (...) certos de termos operado com o máximo empenho, honestidade e fé."*
>
> Maria Helena Chartuni, 31-07-78

Os três pescadores pegaram a Imagem em dois pedaços – corpo e cabeça. Com cera de mandassaia fizeram o primeiro restauro. Maria Helena Chartuni recebeu a Imagem, reduzida a mais de cem pedaços, e devolveu-a para nós, na sua beleza inteira.

Em 17 de maio de 1978, um jovem protestante entrou na Basílica Velha e dirigiu-se para o altar onde estava a Imagem. Era noite e o padre celebrava a última missa daquele dia. O rapaz, vendo-se sozinho diante do nicho de Nossa Senhora, deu um salto, com um soco quebrou o vidro e agarrou a Imagem. O padre deu o alarme. O moço, ao ver-se cercado, atirou aquela preciosidade ao chão. Reduziu-a a muitos pedaços. A consternação foi geral.

Mais ou menos refeitos do susto e da dor, começou-se a pensar no restauro da Imagem. Os restauradores foram-se apresentando. Perto de cinquenta. Mas o Arcebispo, Dom Penido, e os missionários redentoristas não sentiram firmeza em confiar-lhes tamanha obra.

As autoridades eclesiásticas resolveram consultar o Professor e Diretor do Museu do Vaticano, Deoclécio Redig de Campos. O mesmo que fiscalizou todo o restauro da Pietà, de Michelângelo, quando foi mutilada por um demente. O Professor assegurou que o Museu de Arte de São Paulo, MASP, tinha elementos capazes de tamanho empreendimento. Consultado, Pietro Maria Bardi, Diretor do referido Museu, aceitou e confiou a incumbência a Maria Helena Chartuni.

A restauradora, com sensibilidade, imaginação, habilidade manual e perfeito domínio da técnica de restauro, aliados a uma devoção enraizada na sua história familiar, devolveu-nos a Senhora da Conceição Aparecida, na inteireza de seu "sorriso complacente".

A restauradora recebeu congratulações de amigos e críticos. O próprio Professor Deoclécio enviou-lhe, de Roma, uma carta, cumprimentando-a pelo trabalho perfeito. Mas o que mais a gratificou foi ter sido escolhida para tarefa tão grandiosa. Disse Maria Helena Chartuni:

"Confessamos, humildemente, que também fomos guiados por uma aura de espiritualidade tão grande que nos leva, neste instante, a agradecer a Deus por tão grande dádiva."

Em 1997 recebeu o título de cidadã aparecidense.

A esta Quarta Pescadora, a eterna gratidão do povo brasileiro, especialmente dos aparecidenses.

Maria Helena Chartuni e Pietro Maria Bardi, Diretor do MASP.

10. As guardiãs da Virgem Aparecida

> *"Nossa Senhora das raízes/ guarda em vida longa/ todas as raízes novas."*
>
> Cora Coralina, 1987

Se homens escreveram as páginas gloriosas da nossa história, às mulheres coube ilustrá-las com as cores de sua fé e permeá-las com o lirismo de sua força interior, da dedicação às causas do Santuário, com a doação ao serviço de Nossa Senhora Aparecida. As poucas que seguem representam as muitas aparecidenses, de nascimento ou por adoção, que mereceriam compor a galeria de guardiãs da Virgem Aparecida.

Silvana da Rocha Alves

Segundo o relato de Padre José Vilela, Silvana testemunhou o Milagre das Velas, ocorrido na choupana de Atanásio Pedroso.

Já deveria estar em idade avançada. Era comum, na população da época, encontrar pessoas centenárias.

"Sobrevivendo ao marido e ao filho, Silvana da Rocha vem a falecer em idade avançada."[13]

A presença dessa mulher na cabana de Atanásio, no dia do Primeiro Milagre, tem a conotação de recompensa. Como o romeiro que vem de longe, a pé, aquela senhora, em idade avançada, saiu do Morro dos Coqueiros para ir rezar para Nossa Senhora em Itaguaçu. Talvez com saudade da Imagem

---

[13] CÔNEGO MACHADO. *Aparecida na História e na Literatura*, 1975.

encontrada por seu filho e que ficara um bom tempo em sua casa. Mereceu a recompensa reservada pela Virgem Aparecida aos seus devotos.

Dona Marciana de Moura e Silva

Dona Marciana, chamada pelo poeta Oswald de Andrade de "viúva Fernando", era uma hoteleira da antiga Rua da Calçada, hoje Ladeira Monte Carmelo:
"Eu gosto dos Santuários
Das viagens
E de alguns hotéis
O Bertolini's
(...)
O hotel da Viúva Fernando na Aparecida".[14]

Fotos das duas primeiras décadas do século XX mostram Dona Marciana, ora com o Irmão Redentorista, distribuindo sopa para os pobres, na porta do convento, ora com crianças do catecismo, na escadaria da Capela.

Nas atas da Irmandade de São Benedito, ela está como um dos fundadores da entidade. Tomamos conhecimento, ainda, de sua participação na construção da igreja do Santo Negro. Havia em seu hotel um cofre que era aberto, mensalmente, pelo Padre Lisboa, construtor da igrejinha.

Não tendo filhos, Dona Marciana ajudava a criar os filhos dos outros. Foram muitos os seus afilhados, que cresceram à sombra de seu hotel.

Como verdadeira "mecenas", estava sempre colaborando com os redentoristas e com as associações religiosas. A União de Moços Católicos recebeu valiosa colaboração

---

[14] ANDRADE, OSWALD DE. *Poesias Reunidas*: Ed. Civilização Brasileira, 1979, p. 105.

sua, na construção da sede da entidade, o Cine Aparecida. A montagem de peças teatrais por esse grupo também recebia ajuda financeira da "viúva Fernando".

Anunciação Lorena Barbosa

Filha do grande músico Oscar Randolfo Lorena e de Dona Maria Benedita Barreto. Essa herança genética explica sua capacidade de reinar com as notas musicais. Membro da orquestra do Santuário, teve grande participação nas festas religiosas, nos festivais do Cine Aparecida e nos festivais do Seminário Santo Afonso.

Compôs música religiosa, cívica e profana. É de sua autoria o Hino Oficial de Aparecida. O ofício religioso da Pia União das Filhas de Maria tornou-se uma peça musical, executada todo primeiro sábado. Ninguém arredava pé do Santuário durante a execução.

Dotada de grande beleza física e interior, ao ficar viúva, recolheu-se na casa de sua filha e para dentro de si mesma. Aos poucos foi-se desligando do mundo exterior, vítima da esclerose.

Morreu em São Paulo e foi enterrada em Aparecida, 1996.

Maria Conceição Barreto

Há na fala e nos gestos desta mulher algo de transcendente.

Dotada de invejável lucidez, aos noventa anos, Dona Conceição Barreto ainda era capaz de agradecer as visitas que recebia, retirando das teclas do piano o "Graças vos damos, Senhora" ou alguma música que tocara, por mais de quarenta anos, para Nossa Senhora.

Filha do Maestro Barreto e de Dona Maria Amélia Freitas Valadão Barreto, aos oito anos começou a tocar órgão no Santuário, sob a regência do pai.

Passava, como organista, quase o dia todo na igreja. Quando seus dedos não estavam no teclado, estavam segurando as contas do terço. Ouvia, com atenção, as pregações dos missionários redentoristas. A causa dos Padres de Nossa Senhora era sua causa.

Dona Conceição Barreto é a autora do Hino do Radialista, em parceria com o Padre Galvão. Compôs outras músicas religiosas. Entre elas, o belíssimo "Lembrai-vos".

Vê-la, transparente, sentada ao piano, dava-nos a sensação de ter um anjo entre nós. E tínhamos.

Maria de Lourdes Borges

Nasceu em Aparecida. Seus pais, os portugueses Jaime Ribeiro e Julieta Borges Ribeiro.

Foi folclorista, poetisa, escritora e educadora.

Como educadora, foi uma das fundadoras do primeiro Ginásio de Aparecida, juntamente com o Prefeito Sólon Pereira e com o vigário Padre Antão Jorge.

Como folclorista, foi titular da Cadeira de Folclore, nas Faculdades Teresa D'Ávila de Lorena e no Conservatório Musical Santa Cecília, de Pindamonhangaba. Exerceu o cargo de Assessora Técnica de Folclore na FUNART, órgão do Ministério de Educação e Cultura. Organizou cursos de Folclore em universidades brasileiras e Exposições regionais, estaduais e nacionais. Representou o Brasil em Congressos e Simpósios, na América do Sul, América do Norte e Europa. Recebeu o título de cidadã carioca, pela Prefeitura do Rio de Janeiro. Foi um dos representantes brasileiros junto à UNESCO.

Como membro honorário da Irmandade de São Benedito de Aparecida, deu grande apoio ao grupo de Moçambique aparecidense e divulgou a Festa de São Benedito de nossa cidade, junto aos órgãos estaduais e federais.

Como escritora, teve obras folclóricas premiadas. Autora de "Na Trilha da Independência", "A Dança do Moçambique", "O Jongo".

Trabalhou no Hospital de Emergência, na Revolução de 1932.

A morte surpreendeu, enquanto dormia, a autora dos versos:
"Distante, bem longe, na serra ressoa
o bronze que canta, suplica e abençoa.
No alto da colina sacrossanta
a igrejinha da Virgem é um poema.
As torres altas, esguias, suplicantes
são duas mãos em prece".
Era 11 de junho de 1983.

A Professora Maria de Lourdes Borges recebeu, como homenagem póstuma, a designação de Patrona da Biblioteca Municipal de Aparecida.

Conceição Borges Ribeiro de Camargo

Filha de Jaime Ribeiro e Julieta Borges Ribeiro. Irmã da folclorista, Professora Maria de Lourdes Borges Ribeiro, trilhou suas pegadas no campo da pesquisa.

Fundadora do Museu Nossa Senhora Aparecida, que hoje está instalado no segundo andar da Torre do Santuário Nacional, tornou-se, através desta Instituição, uma divulgadora de Nossa Senhora Aparecida, em todo o Brasil.

Foi responsável, também, pelo Museu dos Ciclos Econômicos do Vale do Paraíba, hoje sob a responsabilidade da Prefeitura Municipal de Aparecida.

Foi uma das fundadoras da Guarda Mirim de Aparecida.

Pesquisou o subsolo aparecidense, descobrindo valiosas peças arqueológicas que se encontram no Museu Nossa Senhora Aparecida e no Museu da Universidade de Taubaté.

Assessorada pelo Padre José Pereira Neto, redentorista, escreveu vários artigos sobre Aparecida e sobre aparecidenses, para o Almanaque Nossa Senhora Aparecida e para a revista Ângulo, de Lorena.

Suas ideias monárquicas levaram-na à conquista dos títulos de Comendadora e de Condessa de Romani.

Foi casada com Vicente Camargo, que também recebeu título de Comendador.

Faleceu em 24 de janeiro de 1996.

Maria Aparecida Encarnação

Sempre à frente dos principais acontecimentos, Dona Cida, como era chamada, ao morrer, deixou imensa lacuna em Aparecida.

Foi Professora Primária e Assistente de Direção. Lecionou também no Ginásio Municipal Nossa Senhora Aparecida.

Como tesoureira da Santa Casa, as dificuldades financeiras eram controladas por essa mulher que se tornara a alma da instituição.

Dona Cida foi escolhida pelo missionário, Padre Vítor Coelho de Almeida, para fazer a primeira triagem de sua vasta correspondência. Escolheu-a pela formação intelectual, moral e religiosa que o cargo exigia.

Na revolução de 1932, trabalhou no Hospital de Emergência que funcionou na Escola Chagas Pereira.

Como membro da Legião Brasileira de Assistência, conhecia e ajudava as famílias carentes de Aparecida.

O nome de Maria Aparecida Encarnação, dado como Patrona da Escola Estadual da Ponte Alta, formou a sigla que traduz bem o que foi a homenageada: MÃE dos pobres.

Sua morte, ocorrida em janeiro de 1979, deixou enorme vazio na Comunidade de Aparecida.

Marieta Vilela da Costa Braga

Nasceu em Aparecida, em 1893.

Casada com o Professor Júlio Machado Braga, foi, após a morte repentina do marido, mãe e pai de seus oito filhos. Com muito sacrifício, conseguiu educar e formá-los, todos na profissão dos pais: professores. Para isso lecionou por trinta anos. Muitos desses anos foram gastos na Escolinha Municipal do Bairro de Santa Rita. Ali, instruiu e educou gerações de aparecidenses. Seus alunos não eram só de Santa Rita. Famílias de bairros distantes faziam questão de matricular seus filhos na Escolinha de Dona Marieta.

Sua pedagogia era calcada numa disciplina amorosa que deixou marcas indeléveis nos alunos, que tiveram a ventura de tê-la como mestra. É Patrona de uma Escola Municipal de Aparecida.

Felicidade de Lourdes Braga

Filha dos professores Júlio Machado Braga e Marieta da Costa Braga.

Tendo recebido uma sólida educação humana e religiosa dos pais e dos missionários redentoristas, teve idealismo e coragem suficientes para fundar uma Congregação Religiosa.

A resistência, encontrada por parte de alguns, não a demoveu de seu intento. Orientada pelo Padre Eduardo Muliarti, redentorista americano e professor do Seminário Santo Afonso, os dois fundaram a Congregação das Irmãs Mensageiras do Amor Divino.

A prova que sua fundação é uma obra inspirada por Deus está no seu crescimento. Hoje, há Mensageiras do Amor Divino trabalhando no Brasil, na África e na Itália.

Nágila Félix Kalil

Foi, durante muito tempo, uma das vizinhas mais próximas de Nossa Senhora. E o fez por merecer.

Sua presença, em todas as solenidades, não era uma presença passiva. Estava sempre colaborando com os missionários redentoristas. Ora na decoração da igreja, ora preparando a Coroação de Nossa Senhora, no mês de maio, e sempre nos festivais do Cine Aparecida.

As datas marcantes da cidade e das autoridades eram celebradas solenemente. Culminavam com um Festival, apresentado pelos jovens e pelas crianças e dirigido pela Nágila

Félix. Bailados, operetas, dramas e comédias deixavam a plateia eletrizada. Os comentários de uma se prolongavam até a apresentação de outra.

O teatro de Nágila Félix fez escola. Guido Machado Braga é uma heroica reminiscência.

As aguadeiras

Foi antes da poluição de nosso rio Paraíba. Foi antes do desmatamento de nossos morros.

Havia em Aparecida várias fontes. A de São Benedito ficava no quintal dos Barretos, na Rua Barão do Rio Branco. Outra ficava no Bairro de São Roque. Havia também a fonte do Bico dos Patos, no sopé do morro dos Forros, terras do Coronel Pires do Rio. A mais poética de todas ficava no sopé do Morro do Cruzeiro, em terras dos Moraes. Ali, os romeiros que subiam até o Cruzeiro, na volta, saciavam sua sede e descansavam embaixo dos arvoredos. Depois levavam para casa um garrafão de água da Terra da Padroeira. Compondo o quadro da Fonte dos Moraes estavam as lavadeiras da Rua do Pinhão e as Aguadeiras da cidade.

As aguadeiras eram mulheres fortes, quase todas negras, contratadas pelos moradores da parte alta da cidade, para abastecer as suas talhas com água da Fonte dos Moraes.

Dona Margarida. Muito gorda, negra, lábios carnudos, sempre abertos no sorriso de um dente só. Seus pés, descalços, pareciam ter-se esparramado para melhor sustentar o corpanzil da dona, prolongado na lata d'água na cabeça. A lata, brilhando aos raios do sol, ficava assentada numa rodilha de panos velhos, que lhe amortecia o peso e lhe dava firmeza. Com isso as mãos ficavam livres para saudar os transeuntes e segurar o cigarrinho de palha.

Dona Romana. Uma negra contratada pela Dona Marieta Braga, para abastecer sua Escolinha de água potável. Nesse tempo, as casas do bairro tinham suas cisternas. Como oferecessem perigo para os alunos, a previdente professora contratou os serviços de Dona Romana. Ela fazia duas viagens à Fonte. Na primeira, abastecia a talha dos alunos e a moringa da Professora. A segunda era uma reserva, sobretudo para os dias quentes. Chegava e saía, silenciosamente. Fazia-se respeitar pelos alunos que não ousavam entrar na classe, antes que a Professora chegasse.

"**Nhá Lipurdinha**" e sua filha também se tornaram um prolongamento da Fonte dos Moraes.

As parteiras

– "Não façam fuzarca diante da janela de Nhá Raqué! Ela passô a noite trazeno anjinho pra este mundo..."

Intrigados e curiosos, pisávamos de mansinho diante da casa de Dona Raquel de Almeida. Como será que ela trazia os anjinhos para este mundo? Por isso aquela auréola revestindo-lhe a carapinha. Ela deveria ter parte com Deus...
E tinha. Como só podiam ter parte com Deus a Dona Andrelina Gonçalves, Dona Inês e todas as outras parteiras. Nas mãos dessas santas mulheres as parturientes se entregavam para dar a luz ao décimo, décimo segundo filho. E após o parto, embora guardassem quarenta dias de resguardo, iam para o fogão, enquanto o filhinho, sadiamente, aguardava no quarto escuro a caída do umbigo. Esquecidas das dores do parto, as mães, muito lindas, ficavam esperando as visitas. E nós, os filhos, à espreita de alguma lata de marmelada...
Quantos de nós, que fazemos parte de famílias numerosas, não devemos nossas vidas também a essas parteiras, parceiras de Deus...

11. O romeiro de Nossa Senhora Aparecida

> *"O romeiro é portador não só de angústias, alegrias e esperanças pessoais, mas também das de seu próximo."*
>
> Estatutos e Diretrizes do Conselho de Reitores de Santuários do Brasil, 1994

Dos milhões de romeiros que visitam o Santuário Nacional de Aparecida, muitos são portadores de angústia, outros tantos, de alegria e todos, da esperança. Esperança de cura, de emprego, de melhores dias, de paz.

Eles chegam de ônibus, de carro, de trem, de moto, de bicicleta, a cavalo e a pé. Já vieram de carro de boi e até de avião. São pobres e ricos. Aqui já estiveram o Papa, príncipes, princesas, presidentes, poetas, padres, bispos, prioras, patrões e empregados. Vieram os pescadores.

Muitos cumprem um ritual que começou com seus avós e persiste até hoje. Outros vêm pela primeira vez. Ficam perplexos diante do tamanho do Santuário e de sua beleza. A Imagem os extasia.

A fé que traz o romeiro a Aparecida leva-o a comportamentos dignos de pincéis famosos, câmaras e versos imortais. Olhos que buscam, vasculham ou que se fecham para ler as mensagens secretas que trazem na alma. Lábios que balbuciam ave-marias, atropeladas pela pressa das muitas intenções. Mãos que seguram as contas do rosário, a vela, o retrato, as flores, o chapéu. Joelhos que se dobram e se arrastam, em atitude de total despojamento. Pés cansados pela procura de suas certezas. Coração nas mãos em forma de oferenda. Na alma, um profundo senso do sagrado. O chão que pisam, a porta que transpõem, as pessoas que aqui residem, tudo tem para eles significado transcendente. Pena que alguns aparecidenses não tenham consciência dessa dignidade.

– Milagre!

Na Sala das Promessas, o retrato, em cores, da alma do romeiro. Há uma energia, que emana e nos refaz, naqueles milhares de olhares que nos espiam, do alto e dos lados. Retratos da vida: dor e alegria, feridas e cicatrizes, aflição e paz, sede e bica: o romeiro por inteiro!

"Dor e alegria, feridas e cicatrizes, aflição e paz,
sede e bica: o romeiro por inteiro!"

12. Cronologia dos fatos significativos para a história de Nossa Senhora Aparecida e de seus escolhidos

04-09-1717 – Posse do novo Governador da Capitania de São Paulo e Minas Gerais, Dom Pedro de Almeida e Portugal.

29-09-1717 – Partida de Dom Pedro e comitiva para Minas Gerais, de onde governaria a Capitania.

17-10-1717 – Chegada de Dom Pedro e comitiva à Vila de Santo Antônio de Guaratinguetá.

10-1717 – ENCONTRO DA IMAGEM DE NOSSA SENHORA DA CONCEIÇÃO APARECIDA, NO RIO PARAÍBA.

1718 – Dom Pedro de Almeida e Portugal recebe o título de CONDE DE ASSUMAR.

1733 – Ano provável do MILAGRE DAS VELAS.

1735 – Construção da Capelinha de sapé, no Porto de Itaguaçu, para a Imagem de Nossa Senhora.

1743 – Padre José Alves Vilela escreve o primeiro Documento Histórico sobre a Imagem.

26-07-1745 – Bênção da Primeira Capela (decente) de Nossa Senhora Aparecida, construída no Morro dos Coqueiros. Oficialização do culto a Nossa Senhora da Conceição Aparecida.

1749 – Missões pregadas pelos jesuítas, na Capela. Pela primeira vez a cor negra da Imagem é citada.

08-1757 – Narrativa do Encontro da Imagem pelo Padre João de Morais e Aguiar e que se encontra no primeiro livro do Tombo da Paróquia de Santo Antônio de Guaratinguetá.

24-12-1817 – Visita do naturalista alemão Carlos von Martius.

20-04-1822 – Visita do naturalista francês Augusto Saint Hilaire.

21-08-1822 – Provável visita de Dom Pedro, quando de sua viagem pelo Vale do Paraíba e que culminou com a Independência.

1860 – Visita do escritor francês Augusto Emílio Zaluar.

08-12-1868 – Primeira visita da Princesa Isabel e do Conde D'Eu.

06-12-1884 – Segunda visita do casal Princesa Isabel e Conde D'Eu.

15-05-1887 – Inauguração da Estrada de Ferro Central do Brasil.

08-12-1888 – Inauguração e bênção da Basílica Velha.

01-01-1890 – Término do Padroado. Administração da Capela de Aparecida é entregue ao bispo diocesano de São Paulo.

28-11-1893 – Dom Lino Deodato, bispo de São Paulo, confere à Capela o título de Episcopal Santuário e nomeia o primeiro Cura, Padre Claro Monteiro do Amaral.

19-08-1894 – Falecimento, em Aparecida, de Dom Lino Deodato, bispo de São Paulo.

28-10-1894 – Chegada dos Missionários Redentoristas a Aparecida.

04-10-1895 – Leão XIII concede licença para celebrar a Festa de Nossa Senhora nos primeiros domingos de maio.

03-10-1898 – Padres Gebardo e Valentim von Riedl fundam o Seminário Santo Afonso.

10-11-1900 – Publicação do primeiro jornal "Santuário de Aparecida".

09-05-1901 – Morre, trucidado pelos índios caiagangues, de Bauru, Monsenhor Claro Monteiro do Amaral, 1º cura de Aparecida.

08-09-1904 – Solene Coroação da Imagem de Nossa Senhora Aparecida.

1905 – Início do calçamento do Largo da Capela, presente dos devotos Ismael Dias da Silva e Antonio Maria da Silva.

02-03-1906 – Estabelecido o dia 11 de maio para celebração da Festa de Nossa Senhora.

29-04-1908 – O Santuário recebe o título de Basílica Menor.

09-1911 – Nossa Senhora recebe o novo e atual nicho, presente de sua devota, a viúva do General Neiva.

1917 – Celebração do bicentenário do Encontro da Imagem.

1922 – Inauguração da Estação Ferroviária de Aparecida.

17-12-1928 – Emancipação Política de Aparecida.

09-1929 – Congresso Mariano e Jubileu da Coroação da Imagem.

16-05-1929 – Padre Antão Jorge e algumas pessoas decidem construir a Santa Casa de Misericórdia.

01-05-1930 – Telegrama noticiando o título de Padroeira do Brasil, concedido a Nossa Senhora Aparecida por Pio XI.

31-05-1931 – Ida da Imagem para o Rio de Janeiro para ser aclamada como Padroeira do Brasil.

05-1935 – Bênção dos novos sinos da Basílica Velha.

27-08-1943 – Morre Dom José Gaspar, Arcebispo de São Paulo, em desastre de avião.

27-10-1944 – Dom Carlos Carmelo de Vasconcellos Motta é nomeado arcebispo de São Paulo.

10-09-1946 – Lançamento da Pedra Fundamental do novo Santuário.

1948 – Inauguração da Via-Sacra do Morro do Cruzeiro.

05-09-1951 – Inauguração da Rádio Aparecida.

07-12-1952 – Inauguração do Carmelo de Santa Teresinha em Aparecida.

1953 – Transferência da Festa da Padroeira para 12 de outubro.

09-1954 – Primeiro Congresso da Padroeira em São Paulo.

11-11-1955 – Início oficial das obras da Nova Basílica.

1958 – Criação da Arquidiocese de Aparecida.

21-04-1959 – Início das cerimônias religiosas, aos domingos, na Nova Basílica.

31-04-1960 – Início da construção da Torre Brasília.

10-01-1961 – Inauguração da Torre Brasília, com a presença do Presidente da República, Dr. Juscelino Kubitschek de Oliveira, doador da estrutura metálica.

17-12-1962 – Instalação da Comarca de Aparecida.

17-04-1964 – O Cardeal Motta é transferido, a pedido seu, para Aparecida.

18-06-1964 – Dom Macedo é nomeado arcebispo coadjutor de Aparecida.

15-08-1967 – Entrega da Rosa de Ouro, presente do Papa Paulo VI a Nossa Senhora, pelos 250 anos do Encontro da Imagem.

06-01-1968 – É levantada a cúpula do Santuário, parte mais difícil e mais cara da construção.

18-02-1971 – Morre, em Aparecida, o Cardeal Dom Jaime de Barros Câmara, do Rio de Janeiro.

19-12-1971 – Inauguração da Passarela.

1972 — Morre, em Aparecida, o arquiteto do Santuário, Dr. Benedito Calixto.

17-05-1978 – A Imagem de Nossa Senhora Aparecida é quebrada por um jovem protestante, na Basílica Velha.

19-08-1978 – A Imagem retorna a Aparecida, depois de ter sido restaurada no MASP.

07-12-1978 – Posse do novo arcebispo coadjutor, Dom Geraldo Maria de Morais Penido.

08-09-1979 – Aberto, oficialmente, o Ano Mariano em Aparecida.

30-06-1980 – Decreto do Presidente Figueiredo declarando 12 de outubro, feriado nacional.

04-07-1980 – O PAPA JOÃO PAULO II VISITA APARECIDA E CONSAGRA O NOVO SANTUÁRIO NACIONAL.

18-04-1982 – Tombamento da Basílica Velha pelo CONDEPHAAT.

18-09-1982 – Morre o Cardeal Motta, em Aparecida, aos 92 anos de idade.

03-10-1982 – Nossa Senhora Aparecida vai definitivamente para a Nova Basílica.

1984 – A CNBB declarou, oficialmente, a Nova Basílica como Santuário Nacional.

07-1985 – XI Congresso Eucarístico Nacional, realizado em Aparecida. Fundação da Academia Marial.

07-1985 – Fundação da Academia Marial.

07-1987 – morre, em Aparecida, o missionário Redentorista Padre Vítor Coelho de Almeida.

28-10-1994 – Comemoração do 1º Centenário da presença dos Redentoristas no Brasil e em Aparecida.

18-10-1995 – Posse do Cardeal Aloísio Lorscheider, Arcebispo de Aparecida.

01-08-1996 – Início da Construção do Centro de Apoio ao Romeiro, no Pátio João Paulo II.

– Fundação do Movimento Centro Velho, visando melhorias para o Centro Histórico de Aparecida.

– Transferência da Catedral para a Matriz de Santo Antônio de Guaratinguetá.

28-09-1996 – Abertura das comemorações do Tricentenário de Nascimento de Santo Afonso, fundador da Congregação Redentorista.

12-01-1997 – A administração do Santuário é novamente assumida pelos redentoristas.

– Abertura do centenário do Seminário Santo Afonso.

11-10-1997 – Inauguração da moderna instalação do Porto de Itaguaçu, obra do Santuário Nacional.

30-05-1998 – Inauguração do Centro de Apoio ao Romeiro, pelo Presidente da República Fernando Henrique Cardoso.

25-12-1999 – Abertura do Jubileu dos 2000 anos do Nascimento de Jesus Cristo.

2000 – Constituída a Comissão formada por engenheiros, arquitetos e liturgos para acabamento interno do Santuário Nacional.

10-11-2000 – Centenário da Editora Santuário.

08-09-2001 – Cinquenta anos da Rádio Aparecida.

12-2001 – Centenário da fundação da Conferência de São Vicente de Paulo em Aparecida.

Bibliografia

ANDRADE, OSWALD DE. *Poesias reunidas*. São Paulo: Civilização Brasileira, 1974.

BRUSTOLONI, PADRE JÚLIO JOÃO. *A Senhora da Conceição Aparecida*. 2 ed. Aparecida, SP: Santuário, 1981.

BRUSTOLONI, PADRE JÚLIO JOÃO. *História Abreviada do Santuário de Aparecida*. Aparecida, SP: Santuário,1996.

BRUSTOLONI, PADRE JÚLIO JOÃO. *Milagres da Senhora Aparecida*. Aparecida, SP: Santuário, 1987.

BRUSTOLONI, PADRE JÚLIO JOÃO. *Missionário do Povo*. Aparecida, SP: Santuário, 1982.

BRUSTOLONI, PADRE JÚLIO JOÃO. *Notas históricas de Aparecida*. Aparecida, SP: Santuário, 1970.

CORALINA, CORA. *Meu Livro de Cordel*. 3 ed. São Paulo: Global, 1990.

FREITAS, OSVALDO CARVALHO. *Aparecida, Capital Mariana do Brasil*. Aparecida, SP: Santuário, 1978.

LORENA, PADRE ISAC. *Os que nos precederam*. Aparecida, SP: Santuário.

MACHADO, BASÍLIO. *A Basílica de Aparecida*. Escolas Profissionalizantes Salesianas, São Paulo: 1914.

MACHADO, CÔNEGO JOÃO CORRÊA. *Aparecida na História e na Literatura*. Campinas, SP: 1975.

MIGUEL, PADRE CÉSAR MOREIRA. *Lembranças do Padre Vítor na Rádio Aparecida*. Aparecida, SP: Santuário, 1987.

Ecos Marianos. Aparecida, SP: Santuário, 1944, 1964, 1971, 1980, 1981, 1992, 1996.

Estatutos e Diretrizes – Conselho de Reitores de Santuários do Brasil, Ed. Santuário, 1994.

Jornal *"Santuário de Aparecida"*, novembro de 1920; maio de 1986; fevereiro de 1980; novembro de 1985, Edição Comemorativa.

Jornal *"O Aparecida"* – junho de 1983.

Índice

Apresentação 7
Prefácio 8

PRIMEIRA PARTE:
A SENHORA APARECIDA 11

1 – Uma viagem predestinada 11
2 – Aparecida sem Norte 14
3 – A histórica pescaria 16
4 – Primeiras igrejas domésticas da Senhora Aparecida 19
5 – Sozinhas, as velas se acendem 22
6 – Uma capela decente para a Senhora Aparecida 24
7 – O escravo liberto 28
8 – Um cavaleiro abusado 30
9 – Exposição de ex-votos — Sala das promessas 32
10 – Folclore ligado à história de Nossa Senhora Aparecida ... 35
11 – A Basílica Velha 39
12 – A Nova Basílica, Santuário Nacional
 de Nossa Senhora da Conceição Aparecida 42

SEGUNDA PARTE:
OS ESCOLHIDOS DA SENHORA APARECIDA 46

1 – O povo de Aparecida 46
2 – Três benditos e humildes pescadores 49
3 – Padre Vilela, nosso primeiro historiador 51
4 – Monte Carmelo, o Cônego audacioso 53
5 – Os Missionários da Capela 55
6 – Chico Santeiro, um missionário diferente 64
7 – Os emancipadores 66
8 – A música na cidade-santuário 70
9 – A Quarta Pescadora 74
10 – As guardiãs da Virgem Aparecida 76
11 – O romeiro de Nossa Senhora Aparecida 85
12 – Cronologia dos fatos significativos para a história
 de Nossa Senhora Aparecida e de seus escolhidos 87
Bibliografia 93

Este livro foi composto com as famílias tipográficas Times e Nuptial Script
e impresso em papel Offset 75g/m² pela **Gráfica Santuário**